DJIBRIL CISSÉ

Ma vie de footballeur

TALENT ÉDITIONS
115 rue de l'Abbé Groult, 75015 Paris

Photo de couverture : © Stéphane de Mourgies
Photo du livret : © Manuel Braun, © Icon Sport et © Alamy

ISBN : 978-2-37815-332-8

DJIBRIL CISSÉ

Ma vie de footballeur

Avec Thibaut Geffrotin

Talent Éditions

DANS LA MÊME COLLECTION

Guillaume Warmuz - *Ma vie sera ici*

Guy Roux - *Confidences*

Alain Bernard - *Mon destin olympique*

Arnaud Démare - *Une année dans ma roue*

Wendie Renard - *Mon étoile*

Grégory Havret - *Ma vie sur les greens*

SOMMAIRE

AVANT-PROPOS

J'ai toujours rêvé d'être footballeur, et tout est allé très vite. Comme beaucoup de joueurs professionnels, j'ai commencé par être l'attaquant de mon quartier, puis à huit ans j'ai intégré le club de ma ville, l'AC Arles. J'ai toujours couru très vite, et donc quand il a fallu choisir entre l'athlétisme et le football je n'ai pas vraiment hésité. À treize ans, je rejoignais le centre de formation de Nîmes, à dix-sept, je signais mon premier contrat pro à Auxerre et à dix-huit ans je devenais un espoir du football.

La vie de footballeur professionnel est unique. En quelques buts vous devenez une vedette, la personne que l'on observe, critique ou admire et il faut apprendre à gérer cette notoriété soudaine. Les fans, les journalistes et les sponsors vous sollicitent en permanence. Et pour être sincère, c'est plus facile de gérer les à-côtés après des bons matches, une bonne saison ou quand votre équipe gagne le championnat. J'ai toujours aimé ces à-côtés mais vous devez apprendre à développer un mental fort pour gérer les moins bons moments et les blessures qui finissent inévitablement par arriver.

Si, sur le terrain, mon idole de jeunesse était Jean-Pierre Papin, je voulais être moi-même et créer mon propre style. J'ai été un précurseur pour les coupes de cheveux extravagantes, les tatouages, les tenues vestimentaires flashy, les crampons de couleur… certains se demandaient pourquoi ces choix, et cela faisait beaucoup parler les chroniqueurs. Cette pression sur le terrain, je l'assumais. Quand vous êtes attaquant, vous tenez une place à part dans l'équipe, vous avez la responsabilité de conclure devant le but, c'est là où tout le monde vous attend. Et, oui, pour être visible et efficace, un attaquant doit parfois être égoïste vis-à-vis de ses coéquipiers en attaque, en défense et savoir cacher certaines choses à son entraîneur. Dans ce métier, qui rappelons-le, reste un jeu, les rencontres que vous faites vous font grandir plus vite que les jeunes de votre génération. Et c'est une chance, il faut savoir en profiter.

Mes qualités étaient de courir vite et frapper fort. Jeune, j'ai pratiqué l'athlétisme et le football, d'après mon entraîneur Guy Roux, en sprint je courais bien plus vite que Mbappé, mais avec la balle au pied il est bien plus rapide que je ne l'étais. Je compensais ma faiblesse technique par le mental. Moi j'étais bon dans les appels en profondeur.

Appel, contrôle, frappe, c'était ma signature et avec de la réussite ça finissait au fond du filet.

Depuis mon premier match en Ligue 1, le 20 mars 1999, j'ai vu le football évoluer, j'ai connu beaucoup de vestiaires, remporté des trophées, joué en Coupe du monde, été transféré, prêté, blessé. J'ai connu les passages à vide sans marquer et sans temps de jeu. Je crois qu'aujourd'hui je connais bien le milieu du football et je suis à l'aise pour vous en parler. Certes, j'ai commis aussi quelques erreurs avec mes salaires de footballeur, j'aime la mode et être looké, mon dressing est peut-être un peu exagéré mais c'est une passion.

Je vais vous faire découvrir sans tabou les coulisses de notre vie, le vestiaire, les gris-gris, les voitures de sport, comment répondre à la presse, gérer la pression, l'entraînement, les blessures mais aussi comment bien s'entourer. Peut-être que ce livre inspirera les jeunes footballeurs pour trouver leur propre voie.

CHAPITRE 1

LA VIE D'UN VESTIAIRE : SUIVEZ LE GUIDE !

La vie d'un vestiaire de football, ce n'est pas seulement le jour du match. On y passe toute la semaine, pour l'entraînement.

Le vestiaire est le « bureau » du footballeur, notre *open space* à nous.

Prenons l'exemple d'une semaine-type, avec un match le samedi. Dès le dimanche matin, les joueurs se retrouvent pour un petit décrassage (course légère, vélo, soins, massages). Le lundi, repos à la maison. Le mardi, c'est souvent un double-entraînement. Quand je jouais à Auxerre, on faisait une séance physique le matin, et jeu avec ballon l'après-midi. Mercredi, une opposition avec tout le groupe de joueurs répartis en deux équipes. Jeudi, entraînement assez léger, un tennis-ballon par exemple, pour travailler la technique et perfectionner les automatismes, ou pour les attaquants, une séance de travail devant le but. Vendredi, séance tactique en veille de match.

Quel que soit le programme de la journée, tout commence par l'entrée dans le vestiaire. Personnellement, j'avais pour habitude d'aménager mon casier comme mon petit chez-moi. Peu importait le club où j'avais signé ou la durée de mon contrat, il était hors de question de me contenter de poser mes crampons et mon maillot. Dans cet espace d'un ou deux mètres carrés, j'avais besoin de retrouver mon univers, et tout ce qui comptait dans ma vie : photos de famille, objets importants... Un footballeur passe vraiment beaucoup de temps dans le vestiaire. Si l'entraînement est programmé à 10 heures, on arrive à 8 h 30 et on repart à 13 h 30. Le temps de saluer les coéquipiers, de discuter du quotidien, de débriefer le match précédent ou d'évoquer le suivant, puis de se préparer factuellement et mentalement à l'entraînement qui vient. En vérité, le footballeur est plus souvent dans le vestiaire que sur le terrain. J'ai toujours considéré le vestiaire comme mon deuxième domicile. C'est pour cette raison qu'il faut en prendre soin et s'y sentir bien.

D'abord, il faut scrupuleusement ranger ses crampons, dans l'ordre d'utilisation : des paires pour l'entraînement, une paire réservée aux matches ; et idem pour les protège-tibias. En outre, j'avais de nombreuses superstitions que je vous dévoilerai un peu plus tard.

Le vestiaire est souvent réparti par affinités. Dans certains clubs, il peut presque s'agir de clans.

À Auxerre, tout se passait à merveille. J'étais assis à côté des jeunes joueurs de ma génération : Philippe Mexès, Olivier Kapo, Jean-Alain Boumsong, Khalilou Fadiga... Les anciens étaient souvent de leur côté mais cela n'empêchait pas une excellente entente entre nous.

À l'étranger, on est souvent répartis par nationalité. À Liverpool, on se regroupait entre Français (avec Anthony Le Tallec et Florent Sinama-Pongolle), même si ça ne changeait pas grand-chose à nos échanges, car le coach Rafael Benitez avait interdit aux joueurs d'une même nationalité de parler leur langue maternelle. Lui-même avait beau être espagnol, il ne s'adressait pas à Fernando Morientes ou à Luis Garcia dans la langue de Cervantes. Il mettait un point d'honneur à ce que le vestiaire de Liverpool soit un vestiaire qui parle anglais. Je trouvais ça très bien car c'est une question de respect pour le club et le pays qui nous accueillent. Avec tout ce qui est mis à notre disposition, la moindre des choses est de respecter la culture et la langue locales. Dès que le coach Benitez nous surprenait en train de parler français – et idem pour les Espagnols – on devait payer une amende et avec l'argent on organisait un repas. Évidemment, c'est toujours étrange de dialoguer dans une langue étrangère avec un collègue français, mais c'est comme ça, il faut s'habituer.

Dans un vestiaire, les places sont donc déterminées à l'avance et il n'est pas question d'en changer au gré des envies. En ce qui me concerne, je suis souvent arrivé dans des clubs en cours de saison, avec des vestiaires déjà bien fournis. En arrivant, je prenais le casier libre et pouvais en changer au mercato suivant.

Dans le vestiaire comme dans ma vie, j'apprécie quand tout est ordonné. Mon casier était peu rempli mais chaque chose avait une utilité. Chacune de mes affaires était toujours à sa place, afin de tout trouver rapidement. Tous les joueurs ne sont pas du même avis que moi. Je me souviens être passé devant certains casiers en me faisant cette réflexion : *Mais comment est-ce qu'il trouve ses affaires dans ce bordel ?*

Dans tous les vestiaires, le personnage central et indispensable est l'intendant. C'est quelqu'un qui fait partie intégrante de la vie du vestiaire. Sans cet homme, les footballeurs seraient complètement perdus ! Il faut savoir qu'un joueur arrive au stade avec un petit sac à dos à moitié vide, et repart après l'entraînement avec ce même petit sac, sans jamais s'occuper de quoi que ce soit.

Ses tâches varient légèrement selon les pays. En Angleterre, l'intendant pouponne vraiment les joueurs. On posait les crampons sales dans le casier à la fin de l'entraînement, et le lendemain matin, ils étaient au même endroit, tout propres. Les jeunes du centre de formation de Liverpool étaient chargés de les nettoyer. Chacun d'entre eux était affilié à un joueur de l'effectif professionnel. En fin de saison, on leur donnait un maillot et on remplissait une enveloppe de billets pour les remercier de leur investissement personnel. Surtout, ça permettait aux jeunes de comprendre qu'il faut toujours manifester du respect pour les anciens. Personnellement, cela ne m'aurait pas dérangé de laver ma paire de crampons, mais c'était la coutume.

Quand on arrive dans le vestiaire, l'intendant s'est déjà chargé de disposer notre tenue officielle (maillot, short, chaussettes, survêtement) mais aussi nos effets personnels (caleçon, socquettes d'entraînement, claquettes pour la douche...).

Intendant, c'est un vrai métier ! Celui-ci doit arriver très tôt le matin, et quitter le vestiaire bien après le départ du dernier joueur. Surtout, il faut une mémoire d'éléphant. Chaque joueur a ses manies, ses volontés, parfois ses caprices, et l'intendant doit en tenir compte. Il ne doit pas mélanger le paquetage d'entraînement avec celui du match, car beaucoup de joueurs utilisent un caleçon spécial pour le match. S'ils ne l'ont pas, ils auront l'impression d'être moins bons !

Au fil du temps, l'intendant devient presque un ami. Je me souviens de tous les intendants des clubs que j'ai fréquentés. Graham à Liverpool, Christophe à Auxerre, Nectario au Panathinaïkos… Manu en équipe de France.

Dès qu'un joueur signe dans un club, l'intendant vient le voir et lui pose cette question :

— De quoi as-tu besoin, et à quel moment ?

Les intendants de club sont toujours remarquablement organisés. Vous connaissez l'expression « être réglé comme du papier à musique » ? Je suis certain qu'elle a été inventée pour définir les types comme Graham et Nectario. Jamais je ne les ai vus rechigner à la tâche, alors que leur salaire n'avait rien à voir avec celui des joueurs qu'ils chouchoutaient. À Noël et en fin de saison, on se cotisait pour leur offrir une belle prime. Leur travail – difficile – est essentiel pour le bien-être des joueurs.

Les intendants géraient aussi mes superstitions. Je leur confiais ma petite sacoche remplie d'objets religieux :

— Ça, il faut que tu le caches dans mon casier, sans que personne ne le voie ni ne le touche. J'en ai besoin pour chaque match.

Je n'aurais pas confié cela à n'importe qui. Il fallait que je sois sûr que l'intendant prendrait soin de ces objets essentiels à ma force mentale, et donc, à ma performance.

Au fil de la saison, on commence à discuter avec son intendant, à prendre de ses nouvelles, l'interroger sur sa famille, et on finit par l'inviter à dîner avec la bande de joueurs. Certains sont devenus mes amis. Il faut dire aussi qu'on les sollicite beaucoup. L'intendant est responsable des lots de maillots, donc c'est lui qu'on va embêter lorsqu'on souhaite offrir des tenues à des amis – j'y reviendrai plus tard. Idem si des potes ou la famille font le déplacement pour assister à un match : on demande à l'intendant s'il peut nous obtenir des places au stade.

En résumé, jamais je ne dirai qu'un intendant est seulement chargé de porter les crampons ou laver les maillots. C'est beaucoup plus que cela.

Dans un vestiaire, ça parle énormément.

Je me souviens des franches rigolades du vestiaire auxerrois. On avait un bon petit *roster* de jeunes : même génération, mêmes codes, même façon de penser. On se fréquentait énormément en-dehors du football : un barbecue chez l'un, une bouffe chez l'autre, une sortie shopping... Comme on avait tous signé avec le même équipementier, on tournait souvent des publicités ensemble.

Par conséquent, à l'intérieur du vestiaire, ça parlait de tout sauf de football... et heureusement ! Impossible de rester quatre ans dans un club et de ne pas évoquer avec ses coéquipiers d'autre sujets que le ballon, sinon on explose. Je pouvais passer des heures à parler de mode avec Khalilou Fadiga, qui aimait ce sujet autant que moi. Idem en équipe de France avec Manu Petit et Olivier Dacourt. Quand ce n'était pas la mode, c'était la musique, notamment avec Olivier Kapo.

Tiens, puisque je parle d'Olivier Kapo, j'en profite pour vous raconter cette histoire assez dingue. Il a fallu que nous soyons coéquipiers à l'AJ Auxerre pour apprendre… que nous étions de la même famille !

À mon arrivée au centre de formation, le directeur du centre m'indique qu'il me place dans la chambre d'un autre attaquant d'origine ivoirienne, afin de faciliter mon intégration. Au fil du temps, avec Olivier, on s'est parlé du pays, de la famille.

— Ah, ton père c'est Mangué Cissé ?

— Ouais.

— Ah, alors il a joué avec mon père en équipe nationale ivoirienne.

Plus tard, je lui raconte une histoire familiale impliquant Mah, ma sœur, et Olivier Kapo me coupe la parole.

— Attends, tu connais Mah ?!

— Bien sûr que je la connais, c'est ma sœur !

— C'est ma cousine !

— Comment ça, c'est ta cousine ?!

— Donc ta mère, en fait, c'est ma tante !

Assis sur mon petit lit du centre de formation, en survêtement de l'AJ Auxerre, nous étions survoltés. J'ai aussitôt téléphoné à ma mère.

— Eh maman tu connais la famille Kapo ?

— Évidemment ! Ce sont tes cousins.

Avec Olivier, on était hilares. Je n'en revenais pas. Je venais de traverser la France pour jouer à Auxerre, et je découvrais dans ma propre équipe un cousin que je ne soupçonnais pas. Chapeau, monsieur Guy Roux, d'avoir eu l'idée de nous mettre en chambre ensemble…

Ce jour-là, c'est comme si j'avais découvert un frère. Comme il était un « grand » du centre de formation, je n'ai pas rencontré le moindre problème d'acclimatation. J'étais sous sa protection.

Olivier et moi sommes toujours restés très proches. J'ai même joué avec lui en équipe de France. C'était très fort.

Dans un vestiaire, il est important de s'aérer l'esprit mais aussi d'apprendre à mieux connaître les autres joueurs. Quand j'intègre une équipe, j'aime savoir les origines de chacun, qui a des enfants, quelles sont les passions de chacun… Je n'ai jamais considéré mes coéquipiers comme des mecs avec qui je travaille. Honnêtement, je pense avoir déjeuné ou dîné au moins une fois avec chacun des joueurs de tous mes clubs. Il faut comprendre la dure réalité de mon poste : avant-centre. J'ai passé ma vie à être dépendant des autres. Si mon numéro 10 et mes deux joueurs d'aile ne me régalent pas de ballons, comment voulez-vous que je prouve mes qualités de finisseur ? Si on ne s'entend pas bien, le risque qu'un milieu de terrain passe le ballon à un autre attaquant avec lequel il est mieux « connecté » existe. Bien dans la vie, bien sur le terrain… Il ne faut jamais oublier ce précepte.

Humainement, j'ai toujours eu besoin d'être proche de mes coéquipiers. Évidemment, il arrive de ne pas avoir les mêmes centres d'intérêt ou de moins bien s'entendre avec certains joueurs, notamment quand les générations diffèrent, mais il y a un minimum à assurer pour le bien du vestiaire, et de l'équipe.

Des embrouilles, il y en a eu.

Avec Yann Lachuer, c'était compliqué au départ. Notre relation a vraiment mal débuté. J'étais jeune et j'avais un caractère de feu, alors je lui ai reproché assez vivement de ne pas me donner assez de ballons. On a eu une explication assez salée, mais tout s'est apaisé par la suite. Et Yann est devenu mon passeur favori. Si l'on décortique mes quatre-vingt-dix buts avec l'AJA, je suis certain qu'il apparaît en passeur numéro un. Pourtant, c'était un ancien avec qui je partageais peu de centres d'intérêt. En-dehors du terrain, on ne se côtoyait pas, mais dès que le match commençait, on ressentait une véritable connexion.

Dans un vestiaire, il y a souvent un ou deux « ambianceurs ». En équipe de France et à Marseille, j'ai joué avec Franck Ribéry. Hors du terrain, c'était un éternel plaisantin. Il faisait des « coups » dès qu'il en avait la possibilité.

Verser du mercurochrome dans le gel douche, saupoudrer du sel dans les verres d'eau… Franck était un mec plein de joie, avec de l'amour pour le ballon, ses coéquipiers et sa famille. Sur le terrain, c'était un super joueur avec une force mentale hors du commun. Vous vous rendez compte qu'il a quitté la France pour devenir le roi de l'Allemagne avec le Bayern ? Ce n'est pas donné à tout le monde. Je m'entendais très bien avec lui mais c'est banal à dire, car je n'étais pas du genre à avoir des problèmes avec mes coéquipiers.

Jour de match

Le jour du match, on arrive généralement au stade une heure et demie avant le coup d'envoi.

Quand on joue à l'extérieur, ou après une mise au vert, on arrive à bord du bus de l'équipe. Pour moi, la place dans le bus n'a jamais revêtu d'importance particulière. Je me suis toujours assis au hasard, là où j'en avais envie, sans me poser de question. Je sais qu'il y a déjà eu des problèmes de « hiérarchie » des sièges en équipe de France, mais je n'étais pas là à ce moment-là, et je n'ai jamais connu cela.

Une fois arrivé au stade, chacun a sa façon de faire. Après avoir déposé leurs affaires dans le vestiaire, certains joueurs sortent pour la « reco-terrain », c'est-à-dire la reconnaissance du terrain, pour toucher la pelouse, sentir l'ambiance, humer l'air.

D'autres filent aussitôt en soin, petit massage, pose de strap sur une jambe douloureuse. Personnellement, j'avais rarement besoin du kiné. Je n'avais jamais besoin d'être strappé et je n'aimais pas les massages, ni avant, ni après les matches.

Je me préparais seul. Dans ma bulle. Avec ma musique, casque vissé sur les oreilles. Je sais que ça pouvait parfois être pénible pour mes coéquipiers qui voulaient discuter d'un point tactique du match à venir, mais j'avais besoin d'être dans mon monde, pour ma préparation mentale. Je refermais ma coquille, en ne pensant qu'à une seule et unique chose : marquer des buts.

Fabien Cool était un peu comme moi, ce qui prouve quelque chose : le gardien de but et l'avant-centre sont des êtres solitaires à qui on demande beaucoup de choses. Nos postes sont décisifs. Si je rate le cadre face au but, si Fabien plonge du mauvais côté, personne ne peut rattraper le travail derrière nous. D'ailleurs, Fabien était assis près de moi dans le vestiaire. Il m'arrivait de l'observer : très calme, silencieux, sans musique. Il préparait ses gants avec la minutie chère aux gardiens de but. Fabien était un ancien, alors de sa position, il sondait l'énergie du vestiaire, sans dire un mot.

À la Lazio Rome, je me souviens de mon coéquipier d'attaque, l'Allemand Miroslav Klose. Il était aussi très calme, parlait très peu dans le vestiaire. En l'observant se mettre en conditions, personne n'aurait su dire qu'il s'agissait d'un redoutable avant-centre, meilleur buteur de l'histoire de la Coupe du monde. En revanche, sur le terrain, il m'a toujours impressionné. Quelle efficacité ! Il lui suffisait de toucher deux ou trois ballons pour marquer un but. Clinique !

D'autres joueurs avaient besoin d'être très actifs, soit en parlant beaucoup, soit en multipliant les exercices athlétiques (étirements, ouvertures de hanches, mouvements...). Quand on est plus ancien, on doit préparer son corps avec plus de soin que les autres.

L'échauffement

Une demi-heure avant le match, tous les joueurs sortent sur le terrain en tenue, pour s'échauffer.

À Auxerre, Guy Roux était très attaché à la qualité de nos échauffements. Souvent, il donnait les bons et les mauvais points dans le vestiaire.

— Toi, t'as mal joué. Mais de toute façon, étant donné la médiocrité de ton échauffement, il ne pouvait pas y avoir de miracle.

Je ne le savais pas encore à l'âge que j'avais à l'époque, mais Guy Roux avait raison. L'échauffement est un excellent indicateur de la forme du joueur. Quand on court de façon légère, qu'on est précis techniquement sur les premières prises de balle, c'est bon signe pour l'entame de match.

Sinon, on débute la rencontre un peu froid, en-dedans, et la galère commence…

Après l'échauffement, il est temps de regagner le vestiaire pendant quelques minutes pour l'ultime préparation et les derniers conseils. Durant ce laps de temps, certains joueurs d'expérience ressentent le besoin de s'exprimer, parce que c'est leur rôle ou tout simplement dans leur nature. À Liverpool, c'était le cas de Steven Gerrard et Jamie Carragher, les légendes du club.

Quelques exemples de phrases-types :

— C'est un match important pour la ville ce soir !

— Il faut commencer fort, les gars. Pendant les 10-15 premières minutes, on va les chercher, on leur met la pression.

— Ce soir, on ne passe pas à côté des duels ! Agressifs !

Et la place de l'entraîneur dans le vestiaire ?

Chaque coach a ses habitudes, sa façon de faire. Guy Roux n'était pas du genre à interférer avec la vie du vestiaire. Il nous laissait la plupart du temps entre nous. Il prononçait sa causerie d'avant-match en annonçant les onze titulaires, puis nous laissait nous préparer dans le vestiaire tranquillement, et disait à nouveau un petit mot juste avant l'entrée sur le terrain.

Cela dépend aussi de l'âge du coach. Les anciens joueurs, tout jeunes retraités, ressentaient peut-être le besoin naturel de passer du temps dans ce qui était encore leur « bureau » quelques mois auparavant. C'était le cas de Roy Keane, mon manager à Sunderland. L'ancien capitaine de Manchester United avait arrêté sa carrière quelques semaines seulement avant de prendre la direction de ce club du Nord de l'Angleterre (à côté de Newcastle). Idem pour Mark Hughes, mon entraîneur à Queens Park Rangers, un club de l'ouest de Londres, même s'il était plus âgé. Ces deux techniciens étaient très présents dans le vestiaire, via des discours collectifs ou individualisés. Il leur arrivait de rassembler les milieux de terrain, puis les attaquants, pour leur donner des consignes tactiques au tableau. Ils avaient probablement toujours à l'esprit leur ancien rôle de capitaine ou de leader de vestiaire. Guy Roux et Rafael Benitez ne fonctionnaient pas ainsi. Parfois, les managers laissaient ce rôle à leurs assistants, comme Eric Gerets à Marseille avec Dominique Cuperly.

À Auxerre, « Boum » (Jean-Alain Boumsong) poussait des gueulantes à la mi-temps quand le score du match ou l'attitude de l'équipe le nécessitait. Dans un vestiaire, c'est très important d'avoir une forte personnalité qui parle au bon moment, et pas pour ne rien dire. Quand Boum élevait la voix, c'était pour une bonne raison. Il avait une prestance et une intelligence qui le plaçaient au-dessus du lot. En plus, grâce à son poste d'arrière central, il voyait tout ce qu'il se passait sur le terrain et avait la bonne analyse.

Quand il gueulait, on écoutait, respectueux. Généralement, ce sont les capitaines et les vice-capitaines qui prennent naturellement la parole. Il faut que ce soit précis, ciblé, concis, sans raconter sa vie.

Bien sûr, il m'est arrivé d'être la cible des remontrances de mon capitaine ou d'un coéquipier.

— Djibril, tu frappes trop !

— Djibril, tu ne passes pas assez la balle !

Parfois, pris par la fatigue et le stress, je prenais mal la critique ouverte, car j'avais la sensation de bien faire. Si je frappe, c'est pour marquer, car c'est mon métier. On n'a pas toujours la même vision d'une action.

À la fin de ma carrière, j'ai commencé à prendre la parole dans le vestiaire. À Auxerre, j'étais l'un des plus jeunes. À Liverpool, je n'étais pas assez à l'aise en anglais. Au Pana et à la Lazio, et encore plus en Angleterre (Sunderland, QPR) puis à Bastia, mon expérience m'a permis de m'affirmer comme un leader de vestiaire. En équipe de France, je n'avais pas besoin de m'exprimer : la moitié des joueurs sélectionnés étaient les capitaines ou leaders incontournables de leur club en Europe : Claude Makélélé, Patrick Vieira, Fabien Barthez, Lilian Thuram, Marcel Desailly, Robert Pirès, Thierry Henry… C'était une équipe de leaders naturels et de joueurs qui étaient tous très bien installés dans les clubs les plus prestigieux du continent.

Zizou ? Il s'exprimait rarement mais toujours à bon escient, pour remettre les choses en place.

Après une défaite qui fait mal, il existe plusieurs types de scénario :

- Le coach entre dans le vestiaire, livre ses quatre vérités et ça calme tout le monde d'un coup.
- Les joueurs prennent la parole chacun leur tour. Invariablement, une remarque de l'un va en vexer un autre, et ça dégénère.

Cette dernière situation, je l'ai vécue à Sunderland, avec El-Hadji Diouf et Anton Ferdinand – le petit frère de Rio. En rentrant au vestiaire, Anton a reproché à El-Hadji de ne pas faire les efforts défensifs nécessaires, et on n'était plus très loin de la bagarre entre ces deux forts caractères. Comme mes coéquipiers, j'ai joué mon rôle pour les canaliser et les séparer. Pas facile d'avoir les nerfs solides dans ces cas-là, car les coéquipiers ont aussi perdu le match, donc ils sont aussi énervés. Toutefois, même si on est plus d'accord avec l'un ou avec l'autre, la seule mission est de faire baisser la tension pour le bien du vestiaire. Mais quand on a un entraîneur comme Roy Keane, c'est encore plus difficile. Ce jour-là, découvrant le début de bagarre entre Diouf et Ferdinand, l'Irlandais a laissé éclater sa colère :

— Okay les gars, pas de problème. Vous voulez vous battre ? Demain, avant l'entraînement, vous irez dans la *green room*, tous les deux. J'apporterai des gants de boxe.

La *green room* était un terrain synthétique habituellement réservé au football…

Le lendemain matin, tout le monde avait oublié l'incident… Tout le monde, sauf Roy Keane !

— Anton ! Ladj ! Voici vos gants de boxe… Filez dans la *green room*, je vous enferme et vous m'appelez quand vous avez fini.

Roy Keane, qui en avait vu d'autres dans sa carrière de joueur, était on ne peut plus sérieux. Il acceptait les embrouilles dans son vestiaire, mais il voulait que les joueurs aillent au bout des choses.

Pour éviter ces situations extrêmes, mieux vaut parler à froid le lendemain, quand l'excitation est redescendue. L'entraînement du lendemain matin est idéal pour le débrief. Sinon, dans la foulée d'une élimination, on est déçus, frustrés, beaucoup de sentiments se mélangent et une simple étincelle peut vite faire tout exploser.

Après une grande victoire ou un trophée, le vestiaire entre dans un moment d'extase.

Ma tradition préférée ? La demande de double-prime au président ! J'ai surtout vécu ça à Auxerre, quand je faisais partie du petit groupe de jeunes joueurs affamés qui en voulaient toujours plus. Une victoire dans le derby contre Troyes ? Un succès qui nous faisait gagner des places au classement ? On demandait la double-prime. Généralement, c'était négocié avant entre le capitaine et le président. Jean-Claude Hamel ne sortait pas ses deniers facilement, un peu « à la Guy Roux ». Mais pour les grands matches, il parvenait à « débloquer du budget », comme il aimait le dire. À l'issue de la partie, le président Hamel descendait dans le vestiaire, on chantait « Président, président, double-prime ». Quand il refusait, ça grondait ! Quand il acceptait, le vestiaire se transformait en gigantesque piste de danse et les jets d'eau fusaient. Et ça élaborait aussitôt des plans...

— Oh la double-prime ! Je vais partir en vacances, et toi ?

Au Pana, le président Nikos Pateras était extrêmement généreux avec les primes de match. C'était une fierté de voir son équipe battre l'Olympiakos ou être champion de Grèce, et il nous a montré sa reconnaissance de façon spectaculaire.

En Angleterre, on négociait des jours de repos avec Roy Keane. Après une victoire, il nous offrait notre dimanche ou notre lundi.

Lorsque j'ai gagné la Coupe de France avec Auxerre, notre vestiaire du Stade de France s'était transformé en piscine de champagne en quelques minutes ! Sans exagérer, il y avait au moins deux à trois centimètres de liquide mousseux sur le sol. Je n'en ai pas profité car de ma vie, je n'ai jamais bu d'alcool. C'était notre premier titre, on avait tous une vingtaine d'années. Après la fête dans le vestiaire, nous avons migré au Paradis Latin, où un repas était organisé.

Celui-ci a finalement été assez court, car chacun avait envie de filer à droite, à gauche, pour fêter la Coupe de France à sa manière. Le lendemain matin, on avait rendez-vous à 10 heures au bus, pour rentrer à Auxerre et communier avec les fans. Si ma mémoire est bonne, on n'était pas vraiment partis à l'heure !

À Istanbul en 2005, la fête du vestiaire de Liverpool était aussi mémorable. Au-delà du fait de soulever la Ligue des champions, le scénario improbable du match (victoire des Reds aux tirs au but alors que Milan menait 3-0 à la mi-temps) nous avait rendus euphoriques.

À Athènes, nous avons fêté le doublé coupe-championnat dans un *Bouzouki*, sorte de mini-théâtre grec où un chanteur se produit tous les soirs. C'était assez exceptionnel.

Quand je jouais à Marseille, j'étais souvent l'hôte des soirées d'après-match, car ma maison se prêtait aux célébrations. Après chaque victoire contre le PSG, j'invitais tous les joueurs à la maison pour une fête improvisée.

Durant ma carrière, j'ai souvent changé de club, et donc de vestiaire et de coéquipiers. De 1999 à 2015, j'ai joué dans dix clubs et six pays différents, sans compter mes quarante-et-une sélections en équipe de France. Il n'est jamais facile d'arriver en cours de saison et de trouver sa place dans un groupe déjà formé, avec ses habitudes, ses affinités.

Un footballeur qui débarque en milieu d'année est comme un enfant parachuté dans sa nouvelle école : il ne connaît personne et on l'appelle « le nouveau ». Alors, pour se faire accepter, il doit se faire repérer, se démarquer. Ma spécialité pour m'intégrer efficacement ? Marquer un but dès mon premier match, et si possible au bout de quelques minutes de jeu. Prouver sa valeur d'entrée, ça facilite la vie et change le regard des autres dans le groupe. Aussitôt, on se retrouve bien placé dans la hiérarchie du vestiaire. Attention toutefois au retour de bâton : un joueur qui marque dès sa première rencontre suscite aussi des attentes, cela offre un statut qu'il faut donc assumer.

Lorsqu'un excellent footballeur enchaîne les mauvaises prestations dans son nouveau club, il ne faut pas chercher mille causes : il se sent mal dans son nouveau vestiaire. Soit il est étouffé par des stars plus importantes que lui, soit personne ne l'a mis à l'aise. Il ne s'acclimate pas et ça joue sur ses performances sur le terrain. Cela m'est arrivé au Qatar. Après un an à Londres, dans le club des Queens Park Rangers, j'ai été prêté à Al-Gharafa. Il y avait beaucoup d'éléments dans le fonctionnement du club, basé à Doha, que je ne parvenais pas à comprendre. Dans le vestiaire, j'ai retrouvé Harry Kewell, mon ancien coéquipier de Liverpool. J'ai fait la connaissance d'un autre international australien, Mark Bresciano, que j'avais manqué de quelques mois à la Lazio. Dans le secteur offensif, je jouais avec Nene, l'ancien attaquant du Paris Saint-Germain. Et puis il y avait de nombreux internationaux qatariens. Al-Gharafa était entraîné par un technicien français : Alain Perrin. Ce que je ne comprenais pas, c'est que les jeunes qatariens jouaient seulement « pour le plaisir ». Pour eux, le foot était un loisir. Ils arrivaient en retard à l'entraînement ? Pas d'amende. En séance de veille de match, ils n'étaient même pas concentrés. J'avais la sensation d'évoluer dans un club amateur. Constatant le manque d'implication de la moitié du vestiaire, je n'ai pas réussi moi non plus à m'imposer l'exigence nécessaire au très haut niveau. Cela ne m'a pas empêché de marquer des buts, mais je n'étais pas à 100 %, et cela me dérangeait. C'est difficile de trouver sa place de leader dans un vestiaire où le je-m'en-foutisme est la règle.

Dans un grand club, c'est aussi à l'entraînement qu'on remporte ses galons. À Liverpool, alors que j'étais seulement âgé de vingt-deux ans, j'avais frappé fort dès les premières séances. Au milieu de toutes les vedettes anglaises (Gerrard, Carragher) et européennes (Morientes, Xabi Alonso, Hyypiä, Smicer, Baros), je sortais du confort auxerrois mais ne voulais pas rester dans mon coin. Lors de mon troisième jour d'entraînement, j'ai profité d'une séance de reprises de volée pour me faire remarquer. J'enchaînais les frappes avec Steven Gerrard et les attaquants. Au fur et à mesure, il s'agissait d'éliminer les moins bons tireurs.

À la fin, il ne restait plus que Gerrard et moi. Avant-dernière reprise de volée : Stevie marque un but fabuleux. Je suis le dernier à tirer et si je marque, je gagne. J'exécute alors un ciseau de l'espace. Pleine lucarne. Un but incroyable ! En me relevant, j'observe l'expression du visage de mes nouveaux coéquipiers. En un geste technique, j'avais gagné leur respect. Ma place dans le vestiaire était acquise. Je me permets d'en parler car cette séance a marqué Steven Gerrard au point qu'il la raconte dans son autobiographie : « Cissé nous a tous mis d'accord ce jour-là. » Là, je sais qu'ils sont rentrés chez eux en disant :

— Ok, le jeune français, c'est un put... de joueur.

Dès le lendemain, j'étais super bien accueilli dans le vestiaire.

C'est comme ça que ça fonctionne dans le football. Quand on est performant, tout le monde est cool et agréable. Dans tous les clubs où je suis passé, j'ai dû marquer des buts pour être respecté.

J'ai eu la chance de jouer dans de très beaux stades, Manchester City, Manchester United, Barcelone, ce sont de grands clubs, avec des gros moyens. L'accueil et les infrastructures pour les joueurs étaient impressionnants. On était loin de mes débuts dans le club familial d'Auxerre où la simplicité régnait. Mais même si on devient plus exigeant au cours de sa carrière, la qualité du vestiaire ne change pas votre jeu.

Pour terminer ce chapitre,
voici mes conseils à un jeune footballeur :

- Trouve l'organisation qui te correspond pour te conditionner et n'avoir rien d'autre à penser que ton match,
- Respecte les anciens du club et tisse des liens avec tes coéquipiers,
- Sois fort d'entrée sur le terrain.

CHAPITRE 2

LA MUSIQUE

La musique a toujours été omniprésente dans ma vie de footballeur. Avant un match, j'avais besoin de créer ma bulle, en vissant un casque sur mes oreilles pour écouter de la musique, sans communiquer avec qui que ce soit. Il était hors de question pour moi de discuter avec mes coéquipiers. Deux heures avant le match, j'étais déjà enfermé dans mon monde musical, concentré sur mes objectifs. De la sortie de l'hôtel jusqu'au discours du coach dans le vestiaire, je ne retirais jamais mon casque et ma playlist me confortait dans ce monde parallèle : celui du buteur qui ne pense qu'à ces quelques ballons qu'il faudra négocier dans la surface de réparation.

Je n'écoutais pas toujours les mêmes artistes, mais je ne pouvais pas me préparer pour un match avec des morceaux lents. J'avais besoin de tempos rapides pour me mettre en condition, monter mon BPM[1], et être speed à la manière d'un avant-centre de très haut niveau.

En Angleterre, c'était plus dans les mœurs de mettre de la musique dans le vestiaire, à l'aide d'une enceinte puissante qui diffusait donc les mêmes morceaux pour tout le monde. Un ou plusieurs joueurs étaient chargés de choisir la playlist. Étant mélomane, il m'arrivait souvent d'être dévolu à ce rôle, au même titre qu'Anton Ferdinand. Le choix des morceaux était pensé de façon globale, afin que chacun y retrouve ses goûts personnels, ses sons favoris. On était tous suffisamment intelligents pour ne pas générer de tensions avec de simples choix musicaux. Les entraîneurs n'avaient rien à voir avec la playlist. La vie du vestiaire, c'est pour les joueurs.

À Liverpool, c'était moins la coutume d'écouter de la musique avant les matches, alors chacun avait son casque s'il le souhaitait. Avec Florent Sinama-Pongolle, Anthony Le Tallec et Djimi Traoré, on se préparait en écoutant les artistes français de l'époque, notamment de la *house music* : David Guetta, Bob Sinclar, Antoine Clamaran… Pour moi, il fallait que ça bouge ! Chaque son devait être rythmé, car il était hors de question que je m'endorme ou que je me ramollisse.

En équipe de France, j'écoutais beaucoup de musique anglaise avec Thierry Henry, notamment le groupe

1. Battements par minute

So Solid Crew. Notre track favori était *21 seconds*. Un *banger* ! Ce n'était pas connu en France mais tous les joueurs passés par la Premier League et qui avaient conservé cette culture UK appréciaient ce son. Titi et moi, ça nous faisait kiffer.

En revanche, une fois sur le terrain, j'oublie la musique. Je ne pense plus à rien, et je ne joue pas avec un air dans la tête. Le football, c'est le football. Je suis concentré sur mon objectif de marquer des buts et il n'y a plus de temps ni de place pour penser à quoi que ce soit d'autre.

Après un match, c'est tout l'un ou tout l'autre. Quand l'équipe a perdu, le vestiaire est silencieux et personne ne se risque à diffuser de la musique. Chacun reste enfermé dans sa déception. La musique est synonyme de joie, c'est un outil de célébration. Après une grande victoire, le son est poussé à fond, ça saute et ça danse dans les vestiaires, sur les bancs, les tables, dans les douches.

La musique a toujours fait partie de ma vie.

Je me chamaille souvent avec DJ Snake, car c'est un supporter du PSG. On s'allume gentiment lors de chaque « classique » entre Marseille et Paris.

Je suis également très proche du groupe de rappeurs marseillais IAM, surtout Phil Akhenaton et Saïd. Ce sont de très grands supporters de l'OM, au même titre que Jul', qui est un ancien joueur du centre de formation. On a fait un match des légendes ensemble pour l'Unicef, son rêve c'était de marquer au Vélodrome, je me souviens qu'il avait fait un très beau geste technique, une reprise de volée qui est passée pas très loin de la cage. Il est très créatif et altruiste, il partage beaucoup avec son quartier, il ne s'est pas enflammé.

Au fil des ans, je me suis aperçu que j'ai rencontré de nombreuses personnes du milieu de la musique et des « afters » car ce monde est rempli de passionnés de football. Ces deux univers se rejoignent sans cesse.

Je n'étais pas programmé pour rencontrer un certain nombre de gens du monde artistique, qui se sont retrouvés sur ma route grâce au football : Diplo, par exemple, le DJ et rappeur américain. C'est une grosse vedette internationale, qui a explosé avec le groupe Major Lazer. Il possédait quarante pour cent de parts du club de Didier Drogba, dans l'Arizona : le Phoenix Rising. J'ai rencontré Diplo grâce à Jean-Roch. Ce dernier est un mordu de football, passionné de l'OM et de l'équipe de France, alors nous nous entendons très bien. Une nuit, Jean me téléphone :

— Djib, t'es où ?

— Je suis au lit, je dors.

Je consulte mon radio-réveil : il était une heure du matin. Surexcité, Jean-Roch ne se démonte pas.

— Viens à la boîte !

— Jean... Je suis KO, je suis dans mon lit...

— Fais-moi confiance et rapplique !

Bon. Je prends une douche, m'habille en vitesse et me dirige vers le VIP, rue de Rivoli.

Aussitôt arrivé, Jean me fait monter au restaurant situé en haut, la Joia.

— Eh, Jean, on fait quoi ? Il est une heure du matin, le resto est fermé !

— Arrête de parler et grimpe les escaliers !

Une porte s'ouvre. Derrière l'objectif d'un photographe, je reconnais Diplo. En chair et en os ! Quel choc ! Le genre d'apparition qui vaut tous les réveils nocturnes du monde. D'autant plus que le rappeur entame la conversation. Il évoque le football, mon passage à Liverpool. En moi-même, je pensais : *mais comment il me connaît ?*

On a passé la nuit à discuter, et nous sommes toujours restés amis. C'est Diplo qui a produit mon premier son, sur son propre label. Nous avons participé à plusieurs festivals ensemble.

Une fois ma carrière de footballeur achevée, ces rencontres m'ont ouvert de nombreuses portes. Par exemple, j'ai mixé lors de l'After Party de DJ Snake ! Dès que ce dernier a vu que je me lançais sérieusement dans la musique, il m'a invité. Et quand tu participes à ce genre d'événement, ça marque les gens.

William est fan du PSG mais on est copains, il m'a conseillé de rester dans mon genre musical que l'on peut qualifier d'afro techno ou d'afro house, j'utilise toujours un rythme tribal, authentique. Il m'a prodigué des conseils sincères. Je mixe beaucoup sur des événements et je produis des sons car c'est indispensable pour faire des grosses salles.

À Auxerre, je fréquentais souvent Mélanie – alias Diam's. Elle aimait autant le foot que la mode, ce qui nous rapprochait énormément. On pouvait passer des heures à parler des dernières paires de baskets sorties sur le marché.

Je suis surtout très proche de Matt Pokora.

Comme c'est un très grand supporter de l'Olympique de Marseille, je lui ai réservé une immense surprise : je l'ai invité, non pas à assister, mais à participer à un entraînement du groupe professionnel olympien. C'était en 2006, pendant la tournée *Player Tour* de Matt. C'était une séance plutôt relax, un dimanche matin à 9 heures. J'avais demandé à l'entraîneur, Albert Emon, si je pouvais inviter un ami à taper la balle avec nous. Gentiment, il avait accepté, à une condition : que l'on gagne le match la veille !

Matt Pokora nous a donc rejoints à la fin de l'entraînement pour une séance de reprises de volée, face à Cédric Carrasso et Steve Mandanda, nos deux gardiens. Matt s'en souvient toujours comme d'un moment exceptionnel. Vêtu de la tenue officielle de l'OM, du short au survêtement, il jouait au milieu des Nasri, Valbuena, Niang, Pagis, Ribéry, Oruma, Beye... Il a été très bon ce jour-là, je ne l'avais battu que d'un petit but au concours de reprise de volée ! Ce n'était pas une surprise pour moi. À seize ans, il évoluait comme milieu de terrain au centre de formation de Sedan, avant de suivre le chemin de la musique. Dans sa villa de Saint-Tropez, il y a un terrain de foot. Il suit l'OM, le Racing Club de Strasbourg... Je pense qu'il avait le potentiel pour devenir joueur professionnel.

Ce qui m'avait amusé, c'était de constater qu'Albert Emon n'avait absolument aucune idée de qui était ce Matt Pokora que j'avais invité et que tous les joueurs français semblaient connaître. Ce n'était ni sa génération, ni son style de musique. Quand je lui ai expliqué qui était mon ami, il m'a répondu, un peu perplexe, avec son merveilleux accent chantant provençal :

— Moi, je suis fan de Johnny Hallyday. Il peut venir s'entraîner avec nous ?

J'ai tellement ri !

C'était une vanne typique d'Albert Emon, un super mec. Honnêtement, n'importe quel entraîneur n'aurait pas accepté qu'un chanteur vienne s'entraîner au milieu du groupe.

Voici la playlist que j'écouterais aujourd'hui avant de jouer :

- le morceau que j'ai produit avec DJ Peet et la voix de Niniola sorti sous le label de Diplo
- Sammy Virji x Flowdan - Shella Verse : le son UK base, il n'y a rien de mieux pour entrer sur le terrain.

CHAPITRE 3

SUPERSTITIONS

Je fais partie de la catégorie des footballeurs dits « superstitieux ». Si l'on prend la définition du mot « superstitieux » dans le dictionnaire Larousse, voici ce qu'il est écrit : *Qui croit à des influences surnaturelles, occultes, irrationnelles et en redoute les effets.*

C'est exactement moi !

Et c'est aussi une réalité pour nombre de mes anciens coéquipiers et adversaires.

Dans le vestiaire, soigneusement cachés dans mon casier, j'avais plusieurs objets fétiches que je devais observer ou toucher avant de débuter chacun de mes matches, et à la mi-temps. Par exemple, j'embrassais la photo de ma fille, Ilona-Céleste. J'avais aussi une petite pochette qui contenait des objets religieux, qui me sont très personnels. J'entretenais avec eux un lien physique : je devais les toucher pour me sentir bien. J'avais par exemple un chapelet offert par ma grand-mère ivoirienne. Elle me l'avait transmis avant de quitter ce monde.

Je portais systématiquement le même caleçon, dont l'usage était simplement réservé aux matches. Et quand je ne marquais pas de but, je changeais ce caleçon pour les matches suivants. J'étais également particulièrement superstitieux pour mes chaussures à crampons. Tant que je marquais, je conservais les mêmes. Dès que j'étais inefficace, par exemple en ratant une occasion toute faite, je sortais une nouvelle paire !

Mon rituel d'avant-match était immuable. Je devais être le dernier joueur à sortir du vestiaire, en récitant ma prière.

Si vous n'avez pas les mêmes croyances que moi, cela va peut-être vous paraître fou : mais si je ne pouvais pas respecter toutes ces « habitudes », psychologiquement, j'étais déjà battu. J'avais beau être préparé physiquement et tactiquement de la même façon que d'habitude, s'il me manquait l'un de mes objets personnels, je me sentais mal sur le terrain. Quand cela se produisait, je commençais le match dans de mauvaises conditions. Jouer avec un caleçon avec lequel j'avais obligatoirement marqué la semaine précédente, c'était totalement irrationnel. Je n'allais pas frapper plus ou moins fort, ni être plus ou moins rapide, selon que je portais la paire de crampons n° 1 ou n° 2. C'est donc un problème exclusivement psychologique. Cependant, l'impact sur mes performances était indéniable. Je m'en suis aperçu à chaque fois. On dit toujours que « le foot se joue avant tout dans la tête ». Je confirme l'exactitude de cette affirmation. Même si c'est dingue ! Quand je débutais un match sans mes objets ou mes rituels, j'avais besoin d'un signe rassurant : un joli contrôle orienté, une belle frappe cadrée. En revanche, si je ratais mon premier contrôle ou mon premier tir, je repensais à mes oublis et leur imputais mon entame de match manquée. Si j'avais été objectif, j'aurais pensé que le défenseur avait bien joué ou que le gardien adverse avait réalisé une belle parade, mais mon esprit superstitieux était plus fort que la raison ! *Si j'avais été « au complet », j'aurais marqué !*

Cependant, une fois le match lancé, je n'avais plus de rituel particulier. Avant de tirer un pénalty, il s'agissait plutôt de concentration : entrer dans sa bulle, ne plus écouter personne – ni les coéquipiers, ni les adversaires, ni le public. Le coup de sifflet de l'arbitre, et c'est tout ! Quand j'affrontais un spécialiste de l'exercice – Mika Landreau, par exemple – j'implorais les dieux pour marquer ! Et j'imagine que certains gardiens ont pensé plusieurs fois avant d'entrer sur le terrain : *« Faites que Djibril ne soit pas en forme aujourd'hui ! »*.

Quand je marquais un but, je ne chambrais pas le gardien. Je trouve que ce n'est pas dans l'esprit du football, au contraire du basket-ball, par exemple, où le trash-talking est la règle.

Mes entraîneurs n'ont jamais été au courant de mes superstitions ni de l'importance que ces rituels revêtaient à mes yeux. Je pense qu'ils vont le découvrir en lisant ce livre !

En revanche, Olivier Kapo était dans la confidence. Il comprenait l'importance de mes rituels. Quand le capitaine passait dans le vestiaire et tapait dans les mains de tous les joueurs, alors que j'étais en pleine prière, les yeux fermés, Olivier jouait le rôle d'intermédiaire pour expliquer la situation, afin d'éviter toute vexation.

Je n'aimais pas qu'on m'interroge sur mes superstitions, alors je ne posais pas de questions à mes coéquipiers sur leur propre façon de faire.

Je ne sais pas si on peut vraiment parler de superstition, mais je me souviens de Sotiris Ninis, le milieu de terrain du Panathinaïkos, qui vomissait juste avant chaque match. Systématiquement ! C'en était maladif. Lors de mes premières semaines en Grèce, j'hallucinais de voir ce type qui se pliait au-dessus des toilettes une heure avant le coup d'envoi. C'était quand même très étrange, mais ça ne choquait plus les autres joueurs du vestiaire.

— Il est où, Sotiris ?

— Aux toilettes !

Ninis vivait le football comme un artiste vit son entrée en scène. Il avait le trac, et évacuait donc le stress en vomissant. Son corps se préparait ainsi.

La spiritualité est importante dans le football. J'ai souvent vu les Sud-Américains – notamment les Brésiliens – faire un signe de croix en entrant sur le terrain. Les joueurs africains puisaient aussi dans leur croyance pour améliorer leur performance sur le terrain. Au Qatar, on devait décaler l'entraînement si celui-ci coïncidait avec les horaires de prière. Ce sont des éléments importants que chacun doit respecter. Il suffit de s'adapter. À mon époque, il n'y avait pas tous ces débats sur le ramadan. Pour rappel, le débat a fait rage lors de la saison 2022-2023, quand des joueurs de Ligue 1 ont refusé d'interrompre leur jeûne les jours de match. De mon point de vue, c'est contre-productif d'essayer de changer les gens ou d'imposer des règles. La France est un pays de tolérance. Je trouve dommage de priver de football un joueur à cause de la pratique de sa religion. Il y a aussi beaucoup d'hypocrisie de la part des dirigeants. Au moment de recruter un joueur, on sait s'il est musulman ou non. Si ça pose un problème, qu'ils ne le recrutent pas !

Pour terminer ce chapitre,
voici mes conseils à un jeune footballeur :

Dans ton groupe, tes coéquipiers viendront de plusieurs pays et cultures différentes. Familiarise-toi avec leurs spécificités, accepter leurs coutumes et leurs différences t'aidera à créer des liens. Même si leurs rituels te semblent ridicules comme peuvent te sembler les miens, cet effort te rapprochera d'eux.

CHAPITRE 4

RELATIONS AVEC LES MANAGERS : COLÈRE, INCOMPRÉHENSION, INFLUENCE...

Je n'ai pas oublié mes premiers jours à Sunderland. Je suis arrivé dans cette ville du Nord de l'Angleterre, pas loin de la frontière écossaise, à la fin du mois d'août 2008, prêté par l'Olympique de Marseille. J'avais farouchement envie de retrouver le championnat d'Angleterre, cette Premier League dans laquelle je me sentais si bien. C'est Roy Keane, l'ancien capitaine volcanique de Manchester United, qui était le manager des « rouge et blanc ». Après quelques jours d'entraînement, j'avais des fourmis dans les jambes, alors que Sunderland devait affronter une équipe de troisième division en coupe.

— Coach, je suis prêt à jouer.

— Non, pas encore…

— Je suis chaud, j'ai envie de marquer des buts, je me sens bien !

— Non, je n'ai pas besoin de toi pour ce match.

Borné.

J'assiste donc au match en tribune. Et Sunderland perd le match 1-0.

À l'issue de la partie, je rejoins le groupe dans le vestiaire. Je m'assois sur le côté, près de mes nouveaux coéquipiers. Et je vois Roy Keane éclater de rage ! Un vrai « pétage de plomb » en règle, comme je n'en ai vu aucun autre dans ma longue carrière.

— Installe le paperboard[2] ici, demande Roy à son adjoint.

Ricky Sbragia s'exécute, mais ça ne convient pas au manager en colère.

— Ricky, mets le plus par-là !

L'assistant-coach décale le tableau. Roy Keane prend deux pas d'élan, comme s'il s'apprêtait à tirer un pénalty. Et il décoche un shoot monumental dans le paperboard ! Un vrai kick de karaté !

— Non mais pour qui vous vous prenez ?! Vous ne faites pas les efforts sur le terrain !

Assis devant leurs casiers, tous les joueurs de l'effectif baissaient la tête, abasourdis, presque apeurés. Dans ce genre de situation, il faut laisser passer l'orage.

2. Tableau qu'on trouve dans les vestiaires de foot pour les dispositions tactiques.

Puis, le tempétueux manager irlandais se plante devant moi. Je peux le regarder dans les yeux, puisque je n'ai pas joué.

— T'avais raison, j'aurais dû te faire jouer à la place de cette bande d'incapables !

Respectueux de mes nouveaux coéquipiers, je ne réponds pas. De toute façon, Roy Keane poursuit sa violente diatribe contre les Black Cats[3]. Le but encaissé ce jour-là avait été provoqué par une mésentente entre un défenseur et le gardien, lors d'une passe en retrait. Le coup classique... Toujours avec virulence, Keane s'adresse à son défenseur.

— Je t'ai répété mille fois de jouer devant ! Je déteste jouer avec les gardiens !

— *Sorry*, coach...

— Retiens bien ce que je te dis : si je te revois faire la moindre passe au gardien, tu ne rejoues plus jamais dans mon équipe.

Sur mon banc, j'étais complètement éberlué. Je me souviens avoir pensé : *Ah ouais, il est chaud à ce point, le Roy Keane !* Au moins, je savais où je mettais les pieds... Je me demandais si un jour, la colère de l'ancien capitaine d'Alex Ferguson s'abattrait sur moi.

3. Surnom donné aux joueurs de Sunderland.

Je n'ai pas eu longtemps à attendre.

Le 15 novembre 2008, nous jouons à Ewood Park, l'antre des Blackburn Rovers. J'ai inscrit quatre buts depuis le début de la saison, et je suis titulaire.

À la mi-temps, Sunderland est mené 1-0, et Roy Keane a décidé que c'était ma faute. La mienne, et pas celle des autres.

Debout au milieu du vestiaire, face à tous mes coéquipiers, il me cible ouvertement :

— Djibril, t'es content de toi ?

Je ne savais pas quoi répondre, car je ne comprenais pas pourquoi il s'en prenait directement à moi. Il ne s'était rien passé de particulier. Pourquoi moi ? Dans un style très « roykeanien », il s'acharne sur moi, alors que je baisse la tête.

— *Anyway*, tu marques seulement des buts inutiles ! Quand c'est important, on ne te voit pas sur le terrain ! Jamais !

Plus son monologue avance, plus je comprends que le manager irlandais joue un rôle. Une véritable pièce de théâtre destinée à me piquer, pour que je me mette en colère sur le terrain et que je renverse la situation au tableau d'affichage. Face à son grand talent d'acteur, je ne peux réprimer un sourire.

— Pourquoi tu me souris, *fucking arrogant French* ?!

Roy Keane et moi avons seulement dix ans d'écart – presque jour pour jour – et nous nous entendions plutôt bien dans la vie. J'avais compris que son engueulade n'était pas sincère. Je prends le parti de ne pas lui répondre, mais je lui souris encore en quittant le vestiaire. Ricky, son adjoint, me confirme d'un signe de la main que je n'ai pas à m'en faire, que je dois simplement jouer mon jeu.

Peu après la pause, Kenwyne Jones égalise.

À la soixante-et-onzième minute, mon compatriote Steed Malbranque me glisse un ballon et je donne la victoire à Sunderland. Après ma célébration, j'hésite à me replacer directement ou à courir vers le banc de touche pour chambrer le coach. En une fraction de secondes, je comprends que je ne peux pas passer à côté d'une si belle occasion. Je me dirige donc vers les « bancs de touche » (qui, en Angleterre, sont en hauteur, directement dans les tribunes) et monte vers la place du coach. Large sourire aux lèvres, je serre la main de Roy Keane, lequel m'attrape par le bras et me crie :

— *I knew it !* Je savais que c'était ce qu'il te fallait !

Après la rencontre, nous en avons discuté calmement, tous les deux.

— Coach, j'ai tout de suite capté votre jeu.

— Je devais faire passer un message. Comme tu es notre grand joueur, les autres doivent voir que je n'hésite pas à te rentrer dedans si tu n'es pas bon.

Ah, Roy Keane… J'adore ce mec ! Franchement, quand je suis allé le chambrer en tribune après mon but, il aurait pu mal le prendre. Combien d'entraîneurs se seraient vexés ? Lui en a souri, parce que c'est un type incroyable. J'ai énormément de respect pour lui. Au cours de sa carrière de joueur à Man United, il a partagé le quotidien de sacrés personnages, au caractère entier : Eric Cantona, Denis Irwin, Rio Ferdinand.

J'ai passé moins de quatre mois avec Roy Keane – puisqu'il s'est fait virer dès le mois de décembre – mais j'ai un tas de souvenirs hilarants de cette époque.

Il avait inscrit une interdiction formelle dans le règlement intérieur de l'équipe première. Trois jours avant chaque match, les joueurs professionnels de Sunderland n'avaient pas le droit de se montrer dans un lieu public après 20 heures. Il ne s'agissait pas que des discothèques ou des bars. Même un banal restaurant était interdit.

Un soir, j'étais invité à l'anniversaire d'un ami, au même titre que mes coéquipiers Pascal Chimbonda et El-Hadji Diouf. Après réflexion, nous étions convenus de dîner tranquillement, le plus rapidement possible, et de rentrer ensuite chacun chez soi. De nous trois, je suis rentré le premier, mais difficile de ne pas dépasser 20 heures quand on dîne à l'extérieur, même en Angleterre. En apprenant notre sortie – pourtant très calme – Roy Keane nous a aussitôt sanctionnés : une semaine de retenue de salaire, et privation du match suivant. Tant pis s'il avait besoin de nous trois pour sa composition d'équipe, le manager restait fidèle à ses principes.

Mark Hughes était complètement différent. Lui, c'était l'école Barça[4]. Il a été mon entraîneur aux Queens Park Rangers, dans l'Ouest de Londres. Je suis arrivé à White City à la fin du mois de janvier 2012, quelques jours après la signature de Hughes en tant que manager. Mes débuts à QPR ont été très compliqués, même si je marque un but dès mon premier match, sur la pelouse de Villa Park, servi par Shaun Wright-Philips.

J'ai pourtant failli ne pas disputer ce match. En effet, quand je suis arrivé à QPR en provenance de la Lazio Rome, j'ai attendu jusqu'au dernier moment pour être autorisé à jouer. Mon contrat était signé, mais pour être « qualifié », on a besoin d'une *clearance*, c'est-à-dire un papier officiel écrit par le club sortant – la Lazio – stipulant au nouveau club – QPR – que je suis libéré. Alors que j'étais à Londres depuis plusieurs jours, le document n'avait toujours pas été expédié par le club italien. On jouait en semaine, en championnat, contre Aston Villa. Mark Hughes décide quand même de m'emmener dans le groupe, et prévoit de m'aligner comme titulaire. Au moment de l'échauffement, soit moins d'une heure avant

4. Où il a joué une saison en 1987-1986 sous les ordres de Terry Venables, entre ses deux passages à Manchester United.

le coup d'envoi, aucune trace de fax ni de mail en provenance de Rome. Je discute avec le coach, et lui suggère de faire échauffer un autre attaquant en « secours », car le timing était de plus en plus serré. Agacé, je téléphone à tous mes contacts à la Lazio, des joueurs aux adjoints en passant par le kiné.

— Ils ont en train de me faire la misère ! S'ils n'envoient pas la *clearance*, je ne peux pas jouer !

Finalement, Igli Tare, le directeur sportif albanais, décroche son téléphone :

— Ciss', je suis désolé, ce n'est pas ma faute, c'est le bureau du secrétariat qui doit faire ce genre de chose. Je gère le sportif, pas l'administratif.

— Ok, mais essaie de trouver une solution. C'est juste un mail !

Échauffement terminé. Toujours pas de papier.

Je suis chaud bouillant pour jouer, mais je comprends que je n'en aurai pas l'autorisation. Alors que nous rentrons dans le vestiaire, Mark Hughes amende la composition et choisit un autre avant-centre. Quatre minutes plus tard, l'intendant du club se rue dans le vestiaire, sourire aux lèvres et pouce levé en l'air.

— C'est bon ! On a la *clearance* ! Djibril peut jouer !

À la douzième minute de jeu, je touche mon premier ballon. Première occasion. Et premier but !

Dans la tribune visiteurs de Villa Park, je suis chaudement applaudi par les supporters londoniens. Tout commençait pour le mieux...

Malheureusement, ma deuxième rencontre – la première à Loftus Road, le stade de QPR – tourne court : je suis expulsé au bout d'une demi-heure de jeu, pour une mauvaise réaction après un tacle violent de Roger Johnson. Mon geste d'humeur trouve ses raisons dans la peur d'une nouvelle blessure. Si le joueur des Wolves n'avait pas manqué ma jambe, je retournais à l'hôpital. Personne ne m'en a voulu au club, mais j'ai écopé de trois rencontres de suspension. Avec la trêve internationale, j'ai passé plus d'un mois sans jouer en Premier League. Je reviens le 10 mars à Bolton, dans la banlieue de Manchester. Encore servi par Shaun Wright-Philips, je marque. Trois matches, deux buts, ce n'était pas si mal que ça. Hélas, deux semaines plus tard, je reçois un nouveau carton rouge pour un tacle d'anthologie : quatre matches de suspension. Si on fait le compte, ça fait sept matches de suspension, alors que je viens seulement d'arriver à QPR. Pour le manager, le président et les supporters, ça faisait un peu beaucoup, d'autant que j'avais été recruté précisément pour aider le club à se maintenir en Premier League. J'ai été contraint de m'entraîner à l'écart pendant quelque temps, et j'ai compris qu'il fallait que je me fasse petit. Voilà encore un point important de la vie de vestiaire. J'avais beau être Djibril Cissé, vainqueur de la Ligue des champions avec Liverpool, international français, recruté comme attaquant-vedette pour sauver le club, je n'étais absolument pas en position de fanfaronner. Il faut savoir adapter son comportement aux situations.

— Djib, aujourd'hui tu ne t'entraînes pas avec l'équipe première. Tu fais de la course, puis tu vas avec les jeunes.

— Okay.

J'avais foiré mon arrivée au club, tout seul. Je devais assumer. Tout seul. Les supporters de QPR se moquaient de savoir que j'avais la coupe aux grandes oreilles à mon palmarès. Tout ce qu'ils voyaient, c'était que le club me payait pour que je sois suspendu. J'ai donc assumé, et je me suis entraîné avec les jeunes, très sérieusement.

À mon retour de suspension, Mark Hughes m'a laissé sur le banc contre Tottenham, mais m'a aligné titulaire à Stamford Bridge, où je marque le seul but de mon équipe lors du naufrage contre Chelsea (6-1). Il restait alors deux matches dans la saison. Deux rencontres pour sauver la peau du club et le maintenir en première division. Un match contre Stoke, qu'il fallait absolument gagner, et la dernière journée à Manchester City, qui jouait le titre de champion à distance contre United.

Une semaine avant ces deux derniers matches, je suis convoqué au domicile du président des Queens Park

Rangers, Tony Fernandes. Pas dans son bureau, non : chez lui. J'ai trouvé l'invitation assez surprenante.

Quand le président du club te convoque dans sa propre maison, c'est soit une excellente nouvelle, soit une très mauvaise. Par exemple, le président du Panathinaïkos m'avait invité chez lui pour m'annoncer qu'il voulait faire de moi le nouveau capitaine de l'équipe.

Là, j'étais persuadé que Tony Fernandes allait m'annoncer que je devais dégager à l'issue de la saison. En réalité, pas du tout.

— Djibril, il faut que je te parle. Si je t'ai recruté, c'est pour que tu maintiennes QPR en Premier League. Si on ne bat pas Stoke, on coule. On serait contraints à l'exploit à Man City… Alors, ne te loupe pas !

— Président, je suis conscient de ce que j'ai fait, mais aussi de ce que je suis capable de faire. Je vais essayer de me rattraper. Cependant, me convoquer chez vous pour me mettre la pression n'y changera rien… Moi, la pression, je la bois. Pour me dire ça, il suffisait de me téléphoner.

Je rentre chez moi, un peu agacé, mais satisfait d'une information qui en découlait : si le président me tient ce discours, c'est qu'il sait que je serai titulaire pour le match décisif. En plus, je me sens très en forme, affûté et mort de faim après ces longues semaines sans compétition.

Le lundi précédant QPR-Stoke, Mark Hughes m'interpelle au centre d'entraînement des Hoops.

— Je sais que tu as vu le président. Il paraît qu'il a été dur avec toi mais il faut que tu le comprennes, il s'inquiète pour son club.

— Je sais que je suis en tort, mais je n'ai pas bronché, je ne me suis pas mal comporté. Vous m'avez envoyé avec les jeunes ? J'ai accepté.

— C'est vrai, je respecte, tu as été très professionnel.

— C'est moi qui ai mis un mauvais tacle, je n'ai rien à dire.

La semaine d'entraînement se passe à merveille. En toute humilité, mon niveau lors des séances prouve que je suis au-dessus du lot par rapport à mes coéquipiers d'attaque.

Le jour du match, nous avons rendez-vous à 13 heures dans nos *changing rooms* de Loftus Road. Je crois dur comme fer que je vais jouer.

Mark Hughes nous livre sa composition d'équipe : je suis remplaçant ! À ma place, l'Anglais Bobby Zamora.

Dans ma tête, c'est l'incompréhension. Le président me convoque dans son salon pour me mettre la pression, et je ne suis pas titulaire ? Comment veulent-ils que je me rattrape si je ne joue pas ? Là, ça me touche. Piqué au vif, je me renferme dans ma coquille et refuse le dialogue. L'assistant vient me voir pour me demander d'aller rejoindre Mark Hughes dans son bureau.

— Non, je n'y vais pas. *Don't worry*. Ne t'inquiète pas, je me prépare.

Mark Hughes était l'homme qui m'avait recruté, donc il savait qu'il ne s'agissait pas d'un manque de respect de ma part, mais d'une vexation. Je ne voulais pas envenimer la situation avec une discussion tendue. À l'annonce de mon nom par le speaker, les supporters de QPR ont sifflé. Dur à encaisser, mais logique. On leur a dit que j'allais sauver leur club, mais je ne joue jamais !

À la mi-temps, le score est de 0-0. Légitimement, je pense que le coach va me faire entrer au retour des vestiaires. Encore une fois, je me trompe. Il envoie trois joueurs à l'échauffement... mais pas moi ! *Mais qu'ils aillent tous se faire foutre !* Très vulgairement, c'est ce que j'ai pensé.

En début de seconde période, Loftus Road s'est mis à chanter mon nom.

Cissé ! Cissé ! Cissé !

Touché, j'ai répondu d'un signe de la main, même si j'avais envie de lancer aux supporters :

— Thank you, boys, mais ce n'est pas moi qui décide des changements !

Sous la pression populaire, l'assistant-coach m'indique qu'il est temps d'aller m'échauffer. J'entre sur le terrain, et à la 89e minute, Anton Ferdinand dépose un corner sur ma tête : 1-0. QPR est sauvé ! C'était la folie dans le stade.

Les gens sautaient dans tous les sens, debout sur les sièges. Quand il s'agit de leur club de football, les Anglais se mettent dans tous leurs états ! Après ma célébration, je me tourne vers Mark Hughes, je le regarde dans les yeux et… disons que je ne lui adresse pas de belles paroles. Toute la pression est ressortie, d'un seul coup. Cela n'avait rien à voir avec mon échange avec Roy Keane que je vous ai raconté précédemment. Les choses auraient pu mieux se passer. Surtout, si Loftus Road ne m'avait pas appelé, Hughes ne m'aurait pas fait entrer sur le terrain ! Et cela nous obligeait à gagner à Manchester le week-end suivant, une mission périlleuse.

À la fin du match, la pelouse est envahie, tout le monde fête le maintien en Premier League, quasiment acquis. Tony Fernandes, le président, vient à ma rencontre :

— Djibril ! Je savais que tu allais nous sauver ! Je le sentais !

— Okay, président. Mais franchement, ce que vous avez fait avec moi, c'est limite. Vous avez de la chance que je sois fort mentalement. Si vous vous comportez ainsi avec un joueur moins costaud, vous le tuez !

Un président normal aurait simplement pris son téléphone, pour me dire :

— Si tu ne me sauves pas, je te coupe la tête.

Point barre. Me convoquer chez lui ? J'avais trouvé cela ridicule.

J'ai échangé quelques mots avec Mark Hughes, sans plus. C'est un manager que j'appréciais, donc à froid, c'était oublié, l'histoire était terminée. On n'en a plus jamais reparlé. La saison suivante s'est déroulée sans histoire.

Comme tous les joueurs dans tous les clubs du monde, j'ai eu beaucoup d'entraîneurs virés en cours de route : Albert Emon (OM, remplacé par Eric Gerets), Roy Keane (Sunderland, suppléé par Ricky Sbragia), Gérard Houllier (Liverpool, par Rafael Benitez), Henk ten Cate (Panathinaïkos, par Nikos Nioplias), Claude Makélélé (Bastia, par Ghislain Printant). Pourtant, j'ai toujours livré la même réponse au cours de mes interviews : ce n'est pas le coach qui joue ! Ce sont les joueurs sur le terrain qui sont responsables des mauvaises prestations. Bien sûr, le changement d'entraîneur peut parfois provoquer un électrochoc dans le vestiaire. Cela s'est produit à Sunderland. Nous étions très mal en point avec Roy Keane, et nous nous sommes maintenus sous la direction de Ricky Sbragia, son ex-adjoint nommé à sa place avant Noël.

À Marseille, l'arrivée d'Eric Gerets a été une révolution. L'entraîneur belge était très dur avec nous. À La Commanderie cette année-là, les grands joueurs ne manquaient pas : Samir Nasri, Mamadou Niang, Mathieu Valbuena... Lors de sa première causerie dans le vestiaire, devant tout le groupe, Gerets a expliqué sa philosophie.

— Moi, les noms qu'il y a dans le vestiaire, j'en ai rien à foutre ! Certains ont de belles carrières, des trophées, je le respecte, mais je m'en moque. Celui qui n'est pas bon ne jouera pas. Si un jeune du centre de formation est plus performant qu'une vedette, il sera titulaire.

Un avertissement froid et précis.

Et Gerets a tenu parole… j'en ai fait les frais. J'ai été contraint de cirer le banc puis de gagner son respect, afin de lui prouver que ma place était sur le terrain, pour marquer des buts. J'ai fini par quitter l'Olympique de Marseille après une saison sous les ordres d'Eric Gerets, car je jouais peu, sans obtenir d'explications de sa part. Je l'ai pourtant plusieurs fois questionné à ce sujet, en vain. Alors je me suis fermé et j'ai demandé à partir. Toutefois, c'est un entraîneur que je respecte car il assume ses décisions.

Un changement d'entraîneur, c'est une autorité réaffirmée, ou un changement d'atmosphère.

Quand Claude Makélélé a été remplacé par Ghislain Printant, directeur du centre de formation de Bastia, les jeunes se sont tous sentis en confiance car ils retrouvaient le technicien qui avait accompagné leur apprentissage. Résultat, on a fait une magnifique fin de saison avec une finale de coupe de la Ligue (perdue contre le PSG).

On constate souvent des évolutions positives – temporairement, du moins – lors d'un changement d'entraîneur mais il ne faut pas non plus considérer celui-ci comme un magicien.

J'ai souvent lu ou entendu la phrase : « *Le discours de l'entraîneur ne passe plus.* » Honnêtement, c'est une phrase de journaliste. Qu'est-ce que cela signifie ? De toute ma carrière, je n'ai jamais connu un groupe qui a voulu renvoyer son entraîneur, ou qui n'a pas fait tout ce qu'il fallait sur le terrain pour gagner les matches et donc éviter au coach de se faire virer. D'ailleurs, je ne comprendrais pas que ça puisse arriver. Un joueur qui rate son match volontairement pour descendre son entraîneur ? Ça n'existe pas ! Évidemment, on peut être en désaccord avec la philosophie de jeu du manager, ou avec ses choix tactiques, ses changements. Mais un joueur doit gérer sa carrière et penser aussi à ses prestations individuelles. Celui qui penserait « je vais être nul aujourd'hui pour qu'ils virent le coach » ne ferait que perdre du temps dans la construction de sa carrière. Un joueur joue pour lui, pas pour ou contre un entraîneur.

Ce qui est compliqué, c'est quand un manager te recrute, et qu'il se fait immédiatement renvoyer. À Liverpool, c'est Gérard Houllier – paix à son âme – qui m'avait choisi. Cependant, dans le laps de temps entre ma signature et mon arrivée, les dirigeants ont choisi de le remplacer par Benitez. C'est le genre de péripétie qui peut flinguer l'intégration d'un joueur. Surtout, il s'agissait seulement de mon deuxième club après Auxerre. Le fait que les Reds soient entraînés par un technicien français avait beaucoup joué dans ma décision. Son style de jeu, aussi. Le Liverpool de Gérard Houllier, c'était beau à voir ! J'avais signé pour pratiquer ce football. Bien sûr, la grandeur du club et la qualité des joueurs ne changeait pas, mais cette nouvelle m'a mis un grand coup de froid et a instillé le doute en moi.

Heureusement, Rafael Benitez m'a aussitôt rassuré, dès notre première discussion.

— Je comprends que tu puisses t'inquiéter car je ne t'ai pas recruté, mais tu n'as pas à t'en faire. Tu es un joueur exceptionnel. Tous les clubs d'Europe veulent te faire signer, alors pourquoi, moi, je ne te voudrais pas ? Quand j'étais à Valencia, je voulais te recruter, j'en avais parlé à Momo Sissoko. Je suis très content de t'avoir, donc enlève ces doutes de ton esprit.

Dans son bureau, on parlait français, une langue que Benitez maîtrise parfaitement. Il n'avait pas menti ce jour-là, car jusqu'à ma blessure, j'étais l'un des joueurs majeurs de l'équipe.

**Pour terminer ce chapitre,
voici mes conseils à un jeune footballeur :**

Développe un mental fort et essaie de communiquer avec ton manager. Et si la communication ne passe pas, il est temps de partir. J'ai toujours préféré repartir à zéro dans un nouveau club que de laisser la situation présente s'enliser et m'affecter.

CHAPITRE 5

VOITURES DE SPORT

Personne n'a oublié sa première voiture, symbole de liberté et d'indépendance. La mienne, c'était une Opel Corsa blanche, toute mignonne, quand je jouais à Auxerre. J'étais tellement impatient que je l'ai achetée à dix-sept ans, avant même de passer mon permis de conduire ! J'y avais moi-même intégré le poste d'auto-radio, comme un jeune qui est tout fier d'avoir son premier véhicule. Je m'étais appliqué à brancher les connexions de façon à obtenir le meilleur son possible. La musique faisait déjà partie de ma vie. Et une voiture sans musique, ce n'est pas une voiture… c'est un vélo !

Parmi la jeune génération auxerroise, j'ai été le premier à posséder une voiture, car j'avais signé mon premier contrat professionnel très tôt, à dix-sept ans et demi. Ma Corsa m'attendait sagement dans le garage. Jour après jour, je la bichonnais avant d'obtenir le droit de conduire.

À cette époque, je vivais avec ma sœur, qui avait emménagé en Bourgogne pour que je puisse vivre dans mon appartement. Guy Roux, que j'appelle toujours « le coach », avait accepté que je quitte les dortoirs du centre de formation à condition d'avoir un adulte pour me chapeauter. Je ressentais un réel besoin d'indépendance.

Sur le parking du centre d'entraînement de l'AJA, mon Opel Corsa côtoyait les voitures des joueurs professionnels : Audi RS4, Mercedes ML… Je me souviens surtout des bolides de Steve Marlet, un connaisseur, qui avait beaucoup de goût et roulait en Porsche. En tant qu'amateur de belles voitures, je regardais tout ça avec admiration. Cela me faisait rêver.

Au fur et à mesure de l'augmentation de mon salaire, je suis rapidement monté en gamme. Les habitants d'Auxerre m'ont vu passer au volant de nombreuses autos différentes ! Ma deuxième voiture ? Une Golf 4 dorée, qui venait juste de sortir dans le commerce. La troisième ? Une Mercedes SL, excellente voiture de sport pour l'époque et pour un très jeune homme. Ensuite, j'ai disjoncté et acheté la fameuse Ferrari jaune que le coach m'interdisait de conduire et de garer sur le parking du stade de l'Abbé-Deschamps ! Il considérait qu'un jeune joueur n'était pas habilité à rouler à bord d'une voiture aussi puissante.

— Djibril, tu jettes ton argent par les fenêtres en achetant une telle voiture ! C'est inutile.

Guy Roux n'avait pas tort. Mais à dix-huit ans, quand on gagne de l'argent et qu'on a envie de se faire plaisir... on se fait plaisir. Tout simplement. Je n'avais pas la maturité pour comprendre ses remontrances. Désormais, j'aurais la même réponse que lui si mon fils voulait acheter une Ferrari !

La seule fois où j'ai transgressé la règle en débarquant en Ferrari à l'Abbé-Deschamps, Guy Roux est sorti sur le parking pour me tirer les oreilles. Je ne l'ai plus refait !

J'ai donc changé de voiture, privilégiant le Dodge Ram, un gros pickup américain, de couleur noire. Ni moins cher, ni moins puissant, mais peut-être moins voyant et moins symbolique aux yeux de Guy Roux. Le simple mot « Ferrari » était gênant pour lui. Autant que je me souvienne, Guy Roux a toujours roulé en voiture française. Récemment, je l'ai encore vu au volant d'une Renault.

À ce moment-là, le coach commençait à voir fleurir les voitures de luxe sur son parking. Notre génération de joueurs un peu « foufous » s'en donnait à cœur joie : Olivier Kapo et Khalilou Fadiga roulaient en Porsche, Boumsong en Mercedes...

Je ne me suis jamais dit : mon coéquipier roule dans telle voiture, alors je veux en acheter une plus belle ou plus chère que la sienne. Ce n'est pas ma mentalité. Cependant, avec le recul, je pense qu'on était tous dans la surenchère inconsciente. Nos cylindrées provoquaient pas mal de jalousies. Ça faisait des envieux, inévitablement.

À 23 ans, alors que j'évoluais désormais à Liverpool, j'ai eu un vrai coup de folie automobile. Comme j'avais acheté le manoir de Frodsham, dans le Merseyside, j'avais douze hectares pour stocker mes véhicules. J'avais à ma disposition un triple garage pour protéger les voitures les plus belles et les plus fragiles. Les autres dormaient dehors, bâchées. Pendant quelque temps, j'ai en effet possédé quinze bolides… simultanément ! Quand j'y repense aujourd'hui, je me demande si j'avais toute ma raison, et comment j'ai pu penser qu'il était utile d'avoir autant de voitures à la fois. Comme je suis passionné de *classic cars* américaines, c'est dans ce secteur que je me suis fait plaisir : Ford Mustang, Corvette, Chevrolet Monte Carlo, Cadillac Coupe DeVille, Plymouth Prowler, Pontiac Firebird Trans Am (la première voiture du film K2000)… J'en ai eu tellement que de tête, je suis à peine capable de toutes les citer ! La plus extravagante était peut-être ma Cadillac Coupe DeVille, j'avais la même que Snoop Doggy Dogg, c'est une longue voiture avec une carrosserie très plate.

J'aimais l'art de la collection. Je préférais posséder plusieurs voitures américaines à prix raisonnable, qu'une Ferrari ou une Lamborghini.

Bon, cela ne m'a pas empêché de me laisser tenter, plus tard, par une… Lamborghini. Quand j'ai signé à l'Olympique de Marseille, en 2006, j'ai acheté une Lamborgini Gallardo, mais je ne l'ai pas gardée longtemps. Elle était très désagréable à conduire. C'était une voiture inconfortable, très basse, tape-cul. À l'époque, je vivais à Venelles à une heure de Marseille, et ces deux heures de route quotidiennes en « Lambo » étaient insupportables. Je l'ai remplacée par un Bentley Continental GT. Et là, quel pied ! Un pur régal. Beau, classe, confortable. Tout ce que j'aimais était réuni dans cette voiture.

Aujourd'hui, même si je suis devenu un homme raisonnable, je reste un passionné de *muscle cars*[5].

Rouler au volant de ces engins est une expérience hors du temps : écouter le bruit du moteur, sentir le comportement de la voiture... et toujours, à une allure raisonnable. Je n'aime pas la vitesse. Cela peut surprendre car cela ne correspond pas au cliché du footballeur qui roule à toute berzingue sur l'autoroute et finit par planter sa Ferrari dans un mur, mais je n'ai jamais été intéressé par la performance. Je me moque complètement de la vitesse de pointe de mes voitures. J'aime l'acoustique et l'esthétique. C'est tout ce qui compte.

À mes yeux, LA voiture, celle que je rêve de posséder, c'est la Ford Mustang Eleanor. Agressive, elle a une « gueule » incroyable, un bruit de chevaux rugissant, une mélodie

5. Type d'automobiles américaines propulsées par un moteur V8 surpuissant.

inimitable, à tel point qu'elle est la seule voiture que tu peux conduire sans écouter de musique. De plus, elle est assez confortable pour une voiture de sport. Les Américains savent allier le confort et la performance. J'ai eu la chance de posséder une Fastback, mais jamais une GT 500. J'espère pouvoir en dénicher une dans les années futures, mais elles sont aussi rares que chères. Il existe très peu de Mustang Eleanor car elles sont signées par John Shelby, ce qui ajoute à leur valeur. Et cette voiture est tellement géniale que les collectionneurs sont très peu nombreux à vouloir s'en séparer. Je suis passionné par le marché des voitures de collection.

J'aime aussi l'art du tuning. Mais attention, par le tuning « extrême » et voyant, avec sonorisation et lumières dans tous les sens. Pour moi, les mots-clés du tuning sont : couleur sobre (noir mat, kaki mat...), jante, et bonne sonorisation. En réalité, ce n'est pas vraiment du tuning, mais de la customisation. J'ai peint le visage de ma fille sur ma Chrysler 300 C. J'ai également customisé le capot de ma Trans Am avec des flammes, et les prénoms de mes enfants dans les flammes : Ilona-Céleste, Cassius, Prince Kobe, et Marley Jackson.

J'aime aussi personnaliser l'intérieur de mes voitures. J'ai installé des sièges Gucci dans ma Cadillac Escalade, puis un intérieur Louis Vuitton dans le modèle suivant.

J'ai aussi roulé en Hummer. J'en ai eu deux : dans mon H2, j'avais carrément fait la folie d'installer du parquet au sol ! Oui, oui, du parquet ! Au fond de la voiture, il y avait deux sièges baquets. Au milieu de la voiture, une petite table lumineuse. La sonorisation était impeccable. C'était un travail d'orfèvre pour le constructeur, mais avec le recul, je me rends compte que tout cela ne servait strictement à rien. Dans une voiture, le parquet s'abîme en quelques trajets. Il suffit que quelques cailloux s'accrochent aux chaussures des passagers pour le rayer. C'étaient plus des coups de folie, des envies personnelles.

Désormais, dans ma Cadillac Escalade, j'ai un frigo, une machine à café et une Xbox. Est-ce que c'est nécessaire ? Non. Mais j'ai toujours aimé avoir plein de gadgets dans ma voiture.

Un seul véhicule m'a toujours suivi, de mon époque auxerroise à aujourd'hui : un Plymouth Prowler. C'est une toute petite voiture deux-places, sans coffre, qui ressemble à la voiture de Batman ! Je possède le premier modèle original, avant celui de Chrysler. L'esthétique de cette mini-voiture est exceptionnelle. C'était mon premier modèle « fantaisie ». De plus, elle est désormais collector, car depuis l'entrée dans le troisième millénaire, une loi interdit aux constructeurs de fabriquer des voitures avec des roues qui sortent de la calandre, ce qui est le cas de ma Prowler. Cela ne m'empêche pas de rouler avec.

J'ai également roulé à bord de plusieurs Rolls Royce : la Phantom, d'abord, que j'ai rapidement changée pour la Ghost, un peu moins immense et donc plus facile à conduire.

J'ai possédé plusieurs Cadillac Escalade. C'est une grosse voiture très confortable, idéale pour les enfants. Ça ressemble aux convois de présidents américains, avec un intérieur très luxueux, des sièges magnifiques. J'en ai toujours une à Paris : la dernière voiture de toute la série que j'avais en Angleterre.

Pour stocker mes bolides, j'ai toujours eu une base dans le Sud de la France, chez ma mère et mes frères, et une à Paris. Lors de chacun de mes transferts, il est évident que je ne faisais pas suivre toutes mes voitures. J'en choisissais une ou deux que je faisais transiter par bateau. De Liverpool à Marseille, j'avais emmené ma Cadillac Escalade.

En Russie, j'avais flashé sur une Jeep Wrangler. Sur la route du centre d'entraînement de Krasnodar, je passais tous les matins devant cette voiture, garée dans une station-service. Une inscription était écrite sur un panneau apposé sur une vitre, mais je ne savais pas lire l'alphabet cyrillique. Titillé, j'ai fini par demander à un ami français russophone de me déchiffrer le message : *À vendre !*

J'ai freiné aussitôt et je suis allé voir le propriétaire de la station-service, qui était aussi un revendeur de voitures. La Jeep était noire, surélevée au maximum avec de grosses jantes. Un vrai mini-tank, à deux portes, magnifique. Je l'ai achetée, mais six mois plus tard, je quittais le pays.

Il fallait donc rapatrier l'engin ! J'ai engagé un transporteur qui s'est coltiné le trajet Krasnodar-Paris au volant de ma Jeep : 3 500 kilomètres ! Je l'ai longtemps conservée, avant de la revendre il y a trois ans pour la remplacer par une Jeep plus volumineuse, à quatre portes, plus pratique avec des enfants, surtout pour installer le siège auto. Mais cela m'a fait mal au cœur de m'en séparer. Généralement, je n'éprouve pas de difficultés à quitter mes voitures mais celle-ci était un vrai petit bijou.

À l'heure où j'écris ces lignes, je possède « seulement » cinq voitures : ma Cadillac Escalade à Paris, ma Plymouth Prowler, mon Toyota C-HR, ma Mini et ma Jeep. C'est plus « raisonnable », et encore. Combien de gens ont cinq voitures chez eux ? Est-ce que cela sert vraiment ? En Corse, j'ai une voiture pour ma compagne et une pour moi. Sinon, je ne peux pas dire que j'aie véritablement besoin d'une voiture à Paris. Bon, c'est toujours mieux que l'époque où j'en avais dix dans mon jardin ! À quarante-deux ans, on ne raisonne plus comme à vingt-cinq quand on peut tout s'offrir sans réfléchir.

La voiture de luxe pour un footballeur, c'est presque automatique. Les parkings des centres d'entraînement sont de véritables parcs automobiles. Ce n'est pas une règle de vestiaire en soi, mais inconsciemment, cela correspond au *standing*. Quand un jeune joueur touche son premier gros salaire, il va s'acheter une voiture de sport, sans forcément y réfléchir, et même s'il n'est pas connaisseur ou passionné comme je le suis. On nous payait très cher, alors on en profitait, sans scrupules. On n'avait rien volé à personne et on ne faisait rien d'illégal, bien au contraire. Je n'ai aucune honte à en parler, même si j'ai conscience de la futilité de la chose. Pour devenir footballeurs professionnels, on a fait des concessions, sans vivre la même vie que les autres jeunes de notre âge. Quand nos copains sortaient en boîte de nuit avec des filles, on était cantonnés au centre de formation. Une fois le premier contrat avec beaucoup de chiffres signés, il n'y a pas de mal à se payer la voiture de ses rêves, même si cela ne sert à rien.

Je me suis toujours intéressé aux bolides de mes coéquipiers. Thierry Henry roulait au volant d'une Aston Martin Zagato, une anglaise très rare, extraordinaire. Cette voiture est tellement belle qu'en la regardant par l'arrière, on a l'impression qu'elle a des fesses ! Il m'a souvent parlé du plaisir qu'il avait à rouler avec, mais sinon, je connaissais peu les voitures de mes coéquipiers en sélection. Quand on se retrouvait en équipe de France, on quittait nos pays respectifs en prenant l'avion, et on arrivait à Clairefontaine en taxi. Honnêtement, je ne sais même pas quel genre de conducteur était Zinedine Zidane. C'est un homme très discret, et je n'ai aucune idée de la voiture avec laquelle il roulait quand je le côtoyais. Je sais que Claude Makélélé et

William Gallas avaient une Mercedes SLR, portes papillon. Gris pour Claude, noir pour William.

Steven Gerrard roulait au volant d'une Aston Martin. J'aime bien mais je n'ai jamais eu.

À Liverpool, El-Hadji Diouf avait toujours de très belles voitures.

À Auxerre, Cyril Jeunechamp avait acheté l'une des toutes premières Audi RS4. Quelque temps plus tard, je lui ai rachetée ! C'était un break avec énormément de chevaux.

Généralement, les managers – et notamment en Angleterre – arrivaient au centre d'entraînement avec des voitures de luxe, certes, très belles, mais discrètes. Il s'agissait souvent de véhicules anglais, comme des Aston Martin. Je n'ai jamais vu un coach débarquer au stade au volant d'une Porsche ou d'une Ferrari.

Le cliché du footballeur au volant, c'est souvent l'accident. Cela ne m'est jamais arrivé. Comme je vous le confiais tout à l'heure, je n'aime pas la vitesse. Ce n'est pas mon truc. Au volant, je suis prudent. La seule fois où j'ai eu un accident de voiture, je n'étais pas responsable et je roulais à allure modérée. Dans les rues de Liverpool, alors que j'étais arrivé depuis à peine une semaine, une voiture de police en intervention m'a coupé la priorité, sirènes hurlantes, emboutissant mon Dodge Ram pickup.

Malheureusement, mon ancien coéquipier Fabrice Lepaul a payé de sa vie son goût pour la vitesse.

Paix à son âme. En 1997, l'attaquant auxerrois avait connu un premier grave accident qui avait coupé sa carrière en plein vol. Sans retrouver son niveau de buteur, il avait malgré tout repris son parcours de footballeur, à Auxerre, Saint-Étienne et Cannes. En 2020, la vitesse l'a rattrapé et il est mort des suites d'un accident de la route en Alsace.

Il faut savoir maîtriser ses chevaux. Ceux qui sont vraiment passionnés de vitesse ne doivent pas prendre cela à la légère et s'imposer des stages de pilotage sur des circuits. Rouler au volant d'une voiture hyper-puissante, cela s'apprend. Deux de mes anciens gardiens de but sont devenus des pilotes professionnels, chez Porsche : Jerzy Dudek et Fabien Barthez. Ce dernier a même participé aux 24 Heures du Mans. Mais il ne faut pas croire qu'il a décidé cela sur un coup de tête. Avant de participer à une course, Jerzy et Fabien ont pris des leçons avec des spécialistes, apprenant à accélérer et freiner au bon moment. La vitesse au volant, cela n'a rien à voir avec le football, où on perd le match quand on joue mal. En voiture, on peut perdre la vie, ou l'usage d'un bras ou d'une jambe. Il n'existe pas de retour en arrière.

J'en ai parlé récemment avec Fabien Barthez, lors d'un match caritatif à Nice. J'aime beaucoup Fabien. Il était un gardien de but qui avait constamment la gagne. Dans le vestiaire, on sentait sa passion pour le football. Surtout, à mon arrivée en équipe de France, il s'est comporté comme un grand frère à mon égard. C'était le tuteur qui prenait soin de moi et faisait en sorte que tous les internationaux se comportent bien avec le petit jeune que j'étais. Alors qu'il me parlait de sa carrière automobile, j'ai eu envie d'en savoir plus.

— Comment ça t'a pris, le pilotage ?

— J'ai toujours eu cette passion des courses de voiture. J'ai suivi des stages avec des grands pilotes, comme ça je peux rouler sereinement.

Personnellement, je ne m'intéresse pas à la course automobile. Ma fille, Ilona-Céleste, adore ça. Chaque dimanche, elle regarde les Grand prix de Formule 1, et suit avec passion la série Netflix *Drive to survive*. Moi, malgré mon amour pour les voitures, je n'accroche pas. Je préfère les expositions de vieilles voitures, de Mustang, de Corvette, de vieilles Mini ou de Coccinelle de collection. Dans l'émission *Vintage Classic*, j'avais testé deux Ford Mustang – une ancienne et une moderne – sur une ancienne piste d'avion. Quel plaisir ! En outre, avec l'ex-pilote de Formule 1 Olivier Panis, j'avais participé au lancement de la Lexus ISF. J'avais fait un tour du circuit du Castellet, c'était très impressionnant. En Corse, j'avais accompagné un pilote belge Thierry Neuville sur une spéciale du Tour de Corse. À chaque virage, j'étais assez abasourdi de constater notre vitesse, et le freinage au dernier moment. Personnellement, j'aurais freiné beaucoup plus tôt... C'est un métier !

On ne s'improvise pas pilote de course.

Si je devais donner un conseil à un jeune footballeur de dix-neuf ans qui veut acheter une Ferrari ou une Lamborghini après avoir signé son premier gros contrat ? C'est simple : mec, n'achète pas de Ferrari, ni de Lamborghini. Ne te brûle pas les ailes ! Il existe un tas d'autres voitures moins dangereuses et tout aussi *show-off*, si c'est l'effet recherché. Mercedes, Audi, BMW... Tous ces modèles sont bourrés d'accessoires qui sécurisent le conducteur. Avec moins de chevaux à gérer, le risque d'accident diminue. À 19 ans, on a toute la vie devant soi – et je ne parle même pas de la carrière prometteuse de footballeur. Pourquoi prendre le risque inconsidéré de tout gâcher en roulant sans expérience avec un tel bolide ?

Je n'ai jamais été attiré par la moto, principalement à cause du danger. Ça me fait peur. Quand je ne maîtrise pas quelque chose, je ne suis pas à l'aise. Esthétiquement, je trouve les grosses Harley-Davidson très classes, mais je n'en ai jamais possédé, même pour la collection.

De façon globale, le footballeur est branché voiture, pas moto. L'explication est simple : les clubs nous interdisent de rouler à moto, à cause du risque d'accident et de blessure. Dans les contrats *à l'ancienne*, c'était carrément stipulé en bas de la feuille : *Moto et sports extrêmes formellement interdits*. Mon frère, Abou Cissé, me l'a raconté. Aujourd'hui, ce n'est pas écrit, mais c'est tacite : les footballeurs ne roulent pas en moto, et ne pratiquent pas les sports d'hiver. Sur des skis, cela va si vite de se rompre les croisés… J'ai aussi été secoué par ce qui est arrivé à ce pauvre Michael Schumacher.

Pour terminer ce chapitre,
voici mes conseils à un jeune footballeur :

En dehors du terrain, ne prends pas de risque qui pourrait impacter ta carrière d'athlète. Et ne fais pas comme moi, évite les Ferrari et les Lamborghini. Si je les ai revendues rapidement, c'est qu'elles n'alliaient pas plaisir et sécurité selon moi. Il n'y a pas de mal à commettre des erreurs à partir du moment où on les reconnaît.

CHAPITRE 6

DANS LE SECRET DU VESTIAIRE D'ISTANBUL

Le 25 mai 2005, je remporte la Ligue des champions avec Liverpool, au terme d'un match renversant contre l'AC Milan de Paolo Maldini, Kaká et Chevtchenko. Vous connaissez probablement tous cette histoire : Milan mène 3-0 à la mi-temps, et finalement, nous égalisons à 3-3 et remportons la finale aux tirs au but.

Alors que nous étions à la rue durant les quarante-cinq premières minutes, nous avons réussi à changer d'attitude.

Que s'est-il passé à la mi-temps ?

Laissez-moi vous plonger dans le secret du vestiaire d'Istanbul…

En anglais, « vestiaire » se dit « changing rooms », la « pièce pour se changer ». Au stade olympique Atatürk, c'est notre destin que nous avons modifié.

Juste avant la pause, Hernan Crespo a inscrit deux buts en cinq minutes. Nous sommes menés 3-0. Personnellement, je suis remplaçant. Après ma double fracture tibia-péroné, j'ai repris la compétition un mois avant la finale.

À peine rentrés dans notre vestiaire, nous avons entendu des cris d'agitation venus de l'autre côté du couloir. Les Milanais pensaient avoir fait l'essentiel du travail et se voyaient déjà champions d'Europe. Avec un score de 3-0 à la mi-temps, je peux le comprendre…

Dans notre vestiaire ? Pas un mot. Pas un bruit. Un calme étonnant, presque pesant. Quelques maillots rouges qui volent silencieusement.

Rafael Benitez, placide, est entré à son tour et s'est planté au milieu du vestiaire, face à dix-huit joueurs abattus, dégoûtés, défaits. Son discours m'a beaucoup surpris :

— On a fait un bon début de match, les gars. Si on avait concrétisé notre première occasion, tout aurait été différent. Juste avant le deuxième but de Milan, il y avait clairement pénalty pour nous. L'arbitre n'a pas sifflé et ils ont marqué en contre.

Au fil de son analyse, Benitez restait calme – alors que son équipe était menée 3-0 à la pause d'une finale de Ligue des champions !

— On revient sur le terrain et on ne s'affole pas. On continue à jouer. Si on a la chance de marquer rapidement, on verra comment ça se passe…

Entre joueurs, on se regardait, abasourdis, car on se posait à peu près tous la même question : à quel moment va-t-on se faire ouvrir en deux parce qu'on est ridicules en finale de LDC ? On était tous persuadés qu'il allait exploser et pousser une soufflante. Nous avions tort.

Ce fut au tour de Steven Gerrard de se lancer dans un speech.

— Les gars, on continue et surtout, on ne lâche pas. Si on marque dans le premier quart d'heure ou dans les vingt premières minutes, on peut revenir. Moi, j'y crois.

Là, le discours de Stevie est devenu plus personnel. Très calme. Et il nous a touché en plein cœur.

— J'ai grandi en voyant des capitaines de Liverpool soulever des coupes. Ce soir, ça peut être mon tour. Ne me laissez pas tomber.

J'adorais tellement Stevie qu'il m'était impossible de rester insensible à ses mots. Puisque mon capitaine y croyait, je commençais à y croire aussi.

Je ne me faisais aucune illusion, mais phrase après phrase, toute l'équipe a commencé à penser qu'un retournement de situation était possible, que nous n'étions pas encore morts. On était à fond !

De surcroît, nous entendions les supporters de Liverpool présents à Istanbul, cet incroyable peuple rouge qui ne s'arrêtait pas de chanter malgré l'humiliation. De notre vestiaire, on entendait tout. On les ressentait. C'était puissant.

Toute l'histoire de ce match est irrationnelle. Durant la pause, il s'est passé une péripétie très amusante. Le coach Benitez annonce un changement, au poste de latéral gauche :

— Djimi, tu es remplacé par Didi.

Traduction : Djimi Traoré sort, suppléé par Dietmar Hamann.

Dégoûté (à la fois du score, et du fait de ne pas retourner sur le terrain), Traoré se déshabille et file à la douche.

Quelques instants plus tard, Steve Finnan se lève et annonce qu'il est blessé et qu'il n'est pas certain de pouvoir tenir sa place de latéral droit.

— Coach, j'ai mal, ça va être compliqué pour moi…

Rafa Benitez réagit aussitôt et s'adresse à Graham, notre intendant :

— Où est Djimi ?

— Sous la douche.

— Va le chercher ! Il reste sur le terrain.

Sous la douche, Traoré a cru que Graham se payait sa tête.

— Djimi, sèche-toi et rhabille-toi en vitesse.

— Le coach a dit que je sortais, laisse tomber !

— Steve Finnan a un problème, tu vas jouer à sa place.

Et voilà Djimi Traoré qui remet son short et son maillot, et dispute la finale jusqu'à l'ultime minute de la prolongation ! Et il joue de façon divine !

Cette histoire est insolite, car ce genre de situation ne se produit jamais, même dans un match banal de championnat. Quand un joueur part sous la douche, il y reste, considéré comme perdu. S'il faut procéder à un changement imprévu, c'est un autre joueur qui entre, tant pis. Là, Benitez voulait absolument faire basculer Traoré à droite, et placer Hamann à gauche.

Neuf minutes après le retour du vestiaire, c'est Steven Gerrard qui marque ! De la parole aux actes. Comment ne pas le respecter ? Il existe beaucoup de joueurs qui parlent, et qu'on ne voit plus sur le terrain. Gerrard n'est pas de ceux-là.

À la 54e minute, nous revenons donc à 3-1. On les a pris à la gorge. Les Milanais, eux, étaient moins tranchants, probablement trop confiants. À la 56e, Vladi Smicer marque (3-2), puis Steven Gerrard obtient un pénalty, transformé par Xabi Alonso (3-3, 60e). En six minutes, tout a changé !

Sur le banc de touche, nous étions euphoriques. D'un coup, nous étions persuadés d'aller chercher cette coupe, qui semblait pourtant inaccessible quelques minutes avant. On repensait aux cris de joie des Milanais dans le vestiaire et on réalisait que le football pouvait aller si vite, dans un sens comme dans l'autre.

J'entre en jeu à la 85e minute, à la place de Milan Baros, et je transforme le deuxième pénalty de la séance de tirs au but. Et nous remportons la Ligue des champions, la cinquième de l'histoire du club du nord-ouest de l'Angleterre. En résumé, je dirais que le calme de Rafael Benitez et les mots investis de Steven Gerrard nous ont conditionnés à réaliser ce renversement de situation, aujourd'hui entré au panthéon des finales de Coupe d'Europe.

Pour terminer ce chapitre, voici mes conseils à un jeune footballeur :

J'ai retenu de ce match qu'il faut jouer jusqu'à la dernière minute, il ne faut pas prendre une situation acquise pour définitive, tout est toujours possible. Un match dure 90 minutes. Aussi, nourris-toi de l'ambiance, du public, pour retourner des situations mal embarquées.

CHAPITRE 7

COMMENT UN FOOTBALLEUR DOIT S'HABILLER…

Aujourd'hui, la donne vestimentaire a changé.

Tous les footballeurs actuels sont extrêmement lookés, avec des tenues flashy hors de prix. Cela ne signifie pas qu'ils sont tous férus de mode. Je suis persuadé que beaucoup d'entre eux se contentent de suivre le mouvement, pour éviter d'être hors-jeu.

À mon époque, l'excentricité était beaucoup plus rare.

J'ai été l'un des premiers footballeurs connus pour leurs tenues vestimentaires originales.

J'aime la mode depuis mon enfance. J'ai toujours eu le goût des beaux habits – pas forcément les plus chers, d'ailleurs.

À mes yeux, ce qui compte, c'est que la tenue me plaise, qu'elle soit stylée et à mon image.

À Auxerre, c'est Khalilou Fadiga qui était le plus pointu. Mon coéquipier était très branché mode italienne et belge. Dans le vestiaire, je me souviens qu'Olivier Kapo était bien habillé, au même titre que Jean-Alain Boumsong, très classe dans ses costumes.

Quand j'ai joué à la Lazio Rome, je me régalais d'évoluer au pays de la mode. Autour de moi, les joueurs étaient très branchés et prenaient soin d'eux, à l'image de Stefano Mauri.

Quand je parle de mode, il y a aussi les accessoires, comme les bijoux. Je me souviens d'un dîner avec mon ami Jamel Debbouze ; en voyant la taille de la bague que j'avais au doigt, il m'avait taquiné :

— Ta bague, elle fait aussi appartement.

La mode révèle toujours une part de votre personnalité.

Malheureusement, je n'ai jamais joué avec David Beckham, l'un des footballeurs les plus pointus en ce qui concerne la mode.

Selon moi, le top du top, c'était Hidetoshi Nakata. Comme beaucoup de Japonais, l'ancien joueur de l'AS Roma est un grand spécialiste de mode, et je me suis toujours reconnu dans ses tenues.

En équipe de France, la mode était un sujet de conversation dans le vestiaire, avec Titi Henry et Manu Petit. On parlait vêtements, lunettes…

Mon style n'a pas toujours été compris. J'ai souvent été la cible de moqueries, ou de commentaires étonnés. Je ne m'en suis jamais préoccupé. Mon style me plaît, et il ne regarde personne d'autre que moi.

Souvent, on me disait : « Ça ne sert à rien ». OK. Mais alors, je répondais : « Rien ne sert à rien ! » Le football, c'est utile ? La musique, c'est utile ? Un repas délicieux, c'est utile ? Si je suis le raisonnement de ceux qui me reprochent mes tenues vestimentaires, on peut aller très loin. La mode est une question d'envies personnelles. Cela permet de s'exprimer. Si un homme désire porter un costume bleu ou un costume violet, pourquoi l'en empêcher ? Cela ne fait de mal à personne.

J'accepte qu'on me dise que telle ou tenue ne plaît pas, car la mode est une question de goût, mais je ne comprends pas qu'on dise que c'est « mal ». Il n'y a rien de grave à porter une tenue vert fluo de la tête aux pieds, si ?

Je pense avoir fait partie des joueurs qui ont ouvert une porte aux nouvelles générations. À mon époque, peu de joueurs osaient être « fous » dans leur tenue vestimentaire. Aujourd'hui, c'est monnaie courante d'être extravagant, flashy voire « bling-bling ». De nos jours, l'arrivée des joueurs de l'équipe de France à Clairefontaine est une tradition attendue par tous les photographes. Tour à tour, les Bleus sortent de leur voiture et exhibent leurs tenues plus ou moins originales – et plus ou moins authentiques, forcément.

Comme l'image des footballeurs est véhiculée un peu partout, les marques transforment souvent ceux-ci en égéries. Durant ma carrière, j'ai souvent posé pour des photographes de mode en portant les tenues de Jean-Paul Gaultier, de la marque Ollygan, Louis Vuitton ou pour mon équipementier Adidas. Il y a même eu un modèle de crampons à mon nom commercialisé par la marque aux trois bandes. Certains footballeurs utilisent simplement leur notoriété pour gagner de l'argent en collaborant avec les marques, et c'est bien normal. Personnellement, en tant que passionné de mode, j'ai toujours pris beaucoup de plaisir à consacrer du temps à ces activités annexes.

J'ai connu beaucoup de footballeurs qui n'y connaissaient rien à la mode, mais ne comptez pas sur moi pour raconter qu'ils s'habillaient mal. Être « bien » ou « mal » vêtu, cela ne signifie rien à mes yeux. Chacun a son propre style. J'ai toujours détesté qu'on critique le mien, alors personne ne m'entendra dire du mal des tenues des autres.

Dans un vestiaire, on trouve de tout. Ce qui est important, c'est que la tenue colle avec la personnalité. Zizou a toujours adopté un style très simple, assorti à sa discrétion : baskets, jeans, t-shirt. Titi Henry aimait aussi les tenues sobres, avec juste une petite pointe d'originalité qui faisait la différence, soit la veste, soit les chaussures. À Liverpool, je me souviens d'El-Hadji Diouf qui rivalisait de tenues flamboyantes à mes côtés. À l'inverse, Steven Gerrard était habillé très sobre, mais toujours avec goût.

Généralement, les entraîneurs sont en survêtement ou en costume.

À Liverpool, Rafael Benitez était du genre « classique ».

Inutile de vous décrire la tenue de Guy Roux, connu pour son survêtement de l'AJA et son bonnet bleu et blanc posé sur la tête. Il m'a toujours dit que les vêtements avaient une « fonction ». Pour lui, la beauté et le style ne priment pas sur l'utilité. Un bonnet doit tenir chaud. Une casquette doit protéger du soleil. Et ça s'arrête là. Quand mes tenues étaient un peu exagérées, il m'adressait quelques remarques sur le ton de la plaisanterie, mais il ne m'a jamais ordonné de me changer. Il savait que cela correspondait à ma personnalité. Raymond Domenech, aussi, le sélectionneur de l'équipe de France, avait tout compris. Face aux critiques des médias vis-à-vis de mon extravagance, il avait répondu :

— Arrêtez de demander à Djibril de changer. S'il ne peut pas exprimer sa personnalité, on ne verra plus le même Djibril sur les terrains. C'est ce que vous voulez ? Moi, je l'accepte tel qu'il est.

Raymond avait totalement raison. On doit accepter n'importe quelle personne telle qu'elle est. C'est en tout cas ma façon de voir les choses.

Il est important aussi d'adapter sa tenue à la situation. On voit souvent les entraîneurs monter en gamme quand ils dirigent leurs premiers matches de Ligue des champions, par exemple. Cependant, le grand écart ne doit pas être trop important. On ne doit pas passer du survêtement négligé lors du match de Ligue 1 au costume trois-pièces sur-mesure en Coupe d'Europe. C'est normal que la Ligue des champions mérite une tenue spéciale, car c'est la plus prestigieuse compétition de clubs, mais on ne doit pas oublier la continuité.

Dans le football aujourd'hui, j'apprécie particulièrement le style de Memphis Depay. Je n'ai jamais joué avec l'ancien attaquant de l'OL, mais il est l'un de mes amis. Son look me rappelle le mien quand j'étais jeune.

En 2012, quand je jouais aux Queens Park Rangers, j'ai fondé Mr Lenoir, une marque de prêt-à-porter. Initialement, cela correspondait simplement à un ras-le-bol de porter les mêmes habits que tout le monde. Avec mon pote Kyu Steed, on souhaitait imaginer nos propres pièces… et les conserver pour nous. Cela correspondait au moment de l'envolée des réseaux sociaux. Petit à petit, un engouement est né pour Mr Lenoir, des clients potentiels nous réclamaient des produits, et nous avons lancé notre première collection.

Aujourd'hui, la mode représente une part importante de ma vie d'ex-footballeur.

Pour terminer ce chapitre,
voici mes conseils à un jeune footballeur :

À notre époque, il peut paraître banal de dire qu'il faut être soi-même pour être bon dans ce que l'on fait. J'aime la mode et cela fait entièrement partie de ma personnalité. Travaille ton style et ne critique pas celui des autres. Et si on te reproche ton apparence, fais comme si tu n'avais rien entendu et réponds sur le terrain.

CHAPITRE 8

… ET SE COIFFER !

Chaque match est une nouvelle pièce de théâtre. Sur le terrain, le footballeur est comme un acteur en représentation. Il veut être bon, mais il doit aussi être beau. La coupe de cheveux est donc un élément essentiel.

Un ou deux jours avant le match, je me rendais chez le coiffeur, pour la coupe et la couleur. J'attachais beaucoup d'importance à l'homogénéité de l'ensemble. Dès que l'intendant m'informait de la couleur du maillot choisi pour le match du week-end, je choisissais la teinte de cheveux adéquate, et celle des crampons.

Ma spécialité, c'étaient les motifs dessinés sur le crâne. Comme pour les tenues vestimentaires, j'ai ouvert la porte à ce genre d'originalités pour les joueurs d'aujourd'hui. Quand j'allume ma télévision sur une chaîne de sport et que je vois la coupe de cheveux ou les motifs sur le cuir chevelu d'un footballeur, je me dis souvent : *ah, j'ai fait ça il y a 20 ans !* Je suis fier d'avoir été l'un des précurseurs.

C'est Fabrice Cornillon mon premier coiffeur à Auxerre qui m'a fait mes premiers dessins sur la tête, on avait commencé avec une toile d'araignée, il était vraiment très doué, puis on a continué. En Grèce, je me souviens que je faisais les couleurs moi-même, je n'avais pas confiance là-bas, il faut faire attention au dosage et maîtriser le geste sinon vous pouvez finir avec une couleur improbable. Cela me posait des problèmes en famille car mes enfants voulaient faire comme moi, surtout mon fils Cassius. Ce n'était pas facile à gérer et de lui expliquer qu'il n'avait pas la même structure de cheveux que moi. Aujourd'hui, comme beaucoup de joueurs actuels, à Paris je vais chez Çaiolas Barber.

J'ai aussi été précurseur pour les crampons colorés et dépareillés. Déjà, au centre de formation, j'achetais de l'eau oxygénée pour frotter mes crampons noirs, afin de les bomber de couleur. J'ambitionnais d'être le premier footballeur à jouer avec des crampons de tel ou tel coloris. Ma technique de fortune n'avait pas fonctionné, mais j'avais déjà l'idée, et l'envie d'être différent.

En 2005, j'ai joué pour la première fois avec une chaussure à crampons rouge au pied gauche, et une chaussure à crampons bleue au pied droit. Je ne vous dis pas le nombre de commentaires ! La mode existe seulement grâce aux inventions des uns et des autres. Plus tard, Puma a commercialisé des crampons dépareillés (noir et rouge), portés par Antoine Griezmann. Le football s'adapte à la société, je trouve ça positif.

J'ai toujours aimé être différent. Pleinement conscient de mes qualités de footballeur, je savais que je pouvais me permettre beaucoup de choses en-dehors du jeu.

Souvent, mes coupes de cheveux reflétaient mon état d'esprit et ma forme du moment. Encore aujourd'hui, si un journaliste s'amuse à me montrer des photos de moi sur le terrain, je serai capable de dire si j'ai marqué un but ou si j'ai été bon dans un match, seulement en reconnaissant ma coupe de cheveux.

À mon époque, les coupes de mes coéquipiers et adversaires n'étaient pas très originales. Parmi les exceptions, je retiens Sylvain Wiltord. Rasé sur le côté, il jouait le crâne coloré de teintes différentes selon les périodes : blond, violet, rose, orange. Ibrahim Ba avait été l'un des premiers joueurs noirs à se teindre les cheveux en blond, bien avant moi.

Certains étaient plus classiques, mais avec énormément de style : je pense à Philippe Mexès, cheveux longs et blonds, beau gosse. Avec ses cheveux rasés, Khali Fadiga ne faisait jamais de folie.

En Grande-Bretagne, c'est culturellement moins « fun ». Les Anglais ne s'embarrassent pas avec leur coiffure.

Pour des joueurs comme Gerrard ou Carragher, c'est le travail – le football – avant tout. Le reste n'avait pas d'importance à leurs yeux. Évidemment, David Beckham sortait du lot, car la mode occupait une place importante dans sa vie. Je l'ai toujours trouvé très inspiré dans ses choix. La star de Manchester United a osé beaucoup de fantaisies : la crête, la jupe… Son style était hyper cool. Être un footballeur anglais et sortir des codes, il fallait le faire.

Dans la mode, un mannequin français d'origine indienne m'a beaucoup influencé : Satya Oblette. Avec le temps, il est devenu un ami. Il est le premier homme que j'aie vu avec le combo cheveux blonds-barbe blonde. Satya a toujours été très inspirant.

**Pour terminer ce chapitre,
voici mes conseils à un jeune footballeur :**

La coiffure fait partie de ta tenue, soigne-la et ne crains pas de choquer, bien au contraire. Les autres respecterons ton courage de t'affirmer et cela te donnera une confiance supplémentaire. Et les photos de tes célébrations de buts entreront dans la légende.

CHAPITRE 9

LES TATOUAGES

Dès qu'on me voit torse nu, on m'interroge :

— Djibril, t'as combien de tatouages ?

La vérité, c'est que je n'en ai aucune idée. J'ai cessé de les compter il y a bien longtemps.

En tout cas, je me souviens du premier : j'avais été contraint de mentir au tatoueur, car j'avais seulement dix-sept ans. Puisqu'il me réclamait une autorisation parentale, j'avais rédigé un faux !

Je suis passionné de tatouages depuis mon enfance. Quand j'étais jeune, j'étais allé voir *Le pacte des loups* au cinéma. L'un des personnages – un Indien qui vivait dans une forêt – exhibait quantité de tatouages tribaux. Depuis ce jour, j'ai toujours voulu lui ressembler.

Un tatouage, c'est une façon de s'exprimer comme une autre. C'est de l'art sur le corps humain. Quand j'exhibe l'un de mes tatouages, je montre un tableau aux gens qui me dévisagent. Au lieu d'accrocher une toile sur le mur de mon salon, je la grave sur mon corps. Tout simplement !

Quand on commence à tatouer son corps, on ne s'arrête plus. C'est difficile de ne plus avoir d'idées. On a toujours la tentation de créer une nouvelle œuvre.

Comme pour les tenues vestimentaires ou les coupes de cheveux, j'ai fait partie des premiers footballeurs tatoués. Ce n'était pas dans les mœurs. Dans les stades, on me regardait parfois comme un alien. Comme je ne porte pas d'attention au regard des autres, j'ai continué, et c'est finalement devenu dans l'air du temps. Aujourd'hui, les personnes non-tatouées sont presque « anormales ».

Quand je retirais mon maillot après un but, les spectateurs observaient mes ailes – tatouées sur mon dos – avec beaucoup d'étonnement. Mes ailes sont celles de l'ange Gabriel, car « Djibril » est l'équivalent arabe de « Gabriel ». C'est mon tatouage le plus significatif, avec, évidemment, le prénom de tous mes enfants, qui sont tous sur ma peau.

Je me suis fait tatouer des taches de léopard, qui correspondent à mon côté « félin » et « jungle », très important dans ma personnalité.

D'autres motifs n'ont pas vraiment de sens ou de rapport avec ma vie, ce sont des tatouages que j'ai fait pour m'amuser.

Certains tatouages sont en rapport avec le football. Le plus important reste le logo du Panathinaïkos, gravé sur ma peau après une sorte de pari. En arrivant à Athènes, j'ai déclaré : « Je sais qu'on va gagner des titres ensemble. Et si je gagne, je me ferai tatouer le logo du club. » J'ai fait cette promesse avant même d'avoir disputé la moindre rencontre ! Match après match, une grande histoire d'amour est née entre les supporters grecs et moi, ce qui a rendu logique l'accomplissement de cette promesse. Après notre doublé coupe-championnat, je me suis donc rendu chez le tatoueur, et j'en étais très heureux. Ce logo vert gravé sur ma jambe droite avec l'inscription « The Double – 2009-2010 », m'a fait entrer dans une autre dimension aux yeux des fans du Pana. Je n'étais plus l'attaquant français qui empilait les buts. J'étais devenu l'un des leurs.

J'ai également cinq étoiles, qui renvoient à la cinquième étoile de champion d'Europe de Liverpool, décrochée en 2005 à Istanbul. Personne ne pourra jamais m'enlever ce trophée !

Bien sûr, j'ai le numéro 9 tatoué sur mon corps, à la fois en chiffre arabe et en chiffres romains. C'est mon numéro fétiche, celui que j'ai quasiment toujours porté. Les seules exceptions ? Le 33, comme tous les jeunes joueurs qui débutent en professionnel. Le 12, pour ma date de naissance. Et le 18, car si on sait compter, 1 + 8 = 9 !

Psychologiquement, le numéro sur le maillot est très important pour un footballeur. En sélection, j'ai toujours tout fait pour obtenir mon numéro 9. Si je ne l'avais pas, je me sentais moins bien. En club, il faut parfois faire des compromis, surtout si on arrive en cours de saison. Quand j'ai signé à Bastia, au mois de décembre, les numéros étaient tous attribués depuis le mois d'août. J'ai donc laissé le numéro 9 sur les épaules de Gianni Bruno, et, l'été arrivant, je lui ai gentiment demandé de me le céder pour la saison suivante. De mon côté, à Liverpool, j'ai laissé mon numéro 9 à Fernando Torres, car je savais que j'allais quitter le club anglais pour Marseille.

Les numéros comptent aussi pour un aspect marketing. Imaginez-vous Cristiano Ronaldo porter le numéro 8 ? Ce ne serait pas vendeur. Quand le Portugais a signé à Manchester United, Edinson Cavani lui a cédé le numéro 7.

De tous mes tatouages, je n'en regrette aucun. Même ceux que j'ai faits pour plaisanter, ils ont été soumis à réflexion. Toutefois, j'aurais aimé profiter du réalisme des grands tatoueurs modernes, qui sont aujourd'hui de grands artistes. Très clairement, ils sont meilleurs qu'il y a vingt ans… mais je n'ai plus de place !

En haut de mon dos, une phrase est tatouée : *Un lion ne meurt jamais, il dort.* Le lion est mon signe astrologique. Cela correspond aussi à mon caractère. Je ne lâche jamais l'affaire. Personne ne m'a vu baisser les bras. Un lion peut disparaître de temps en temps, mais il reviendra toujours, conquérant, sur ses terres. Cela reflète ma personnalité. J'ai d'ailleurs aussi choisi cette phrase comme titre de mon autobiographie[6].

Je n'ai jamais réalisé un tatouage en commun avec l'un de mes coéquipiers. La seule personne avec qui je partage un tatouage est le chanteur Matt Pokora, qui est aussi le parrain de mon fils, Prince. Nous avons un « X » sur l'intérieur du poignet.

Dans le monde du foot, j'aime beaucoup le lion tatoué dans le dos de Memphis Depay. Je me souviens aussi de Daniel Agger, de Liverpool, très tatoué. À mon époque, c'était assez rare de côtoyer des joueurs aussi « piqués » que moi.

**Pour terminer ce chapitre,
voici mes conseils à un jeune footballeur :**

Réfléchis bien avant de te tatouer, cela doit correspondre à ta personnalité, à une célébration ou à un symbole. Aujourd'hui c'est à la mode, ce qui n'était pas le cas lorsque j'ai commencé. Pour être bon sur le terrain, il ne faut pas t'inventer un personnage.

---

6. *Un lion de meurt jamais*, Djibril Cissé, Talent Éditions, 2015.

CHAPITRE 10

L'ENNUI DES MISES AU VERT

La « mise au vert » correspond aux quelques jours précédant un match – parfois seulement la veille – pendant lesquels tous les joueurs sont réunis à l'hôtel avec le staff technique. Cela évite que les footballeurs dorment chez eux avant une rencontre. Ainsi, ils ne sont pas « dans la nature ».

Beaucoup de footballeurs détestent les mises au vert, car c'est parfois long et ennuyeux. Moi, ça ne m'a jamais dérangé. Cela permet d'arriver le jour du match en pleine forme, très préparé. Loin de chez soi, on ne peut penser qu'au foot, à sa propre performance. Selon moi, c'est indispensable.

Bien sûr, certaines mises au vert n'étaient pas très « funky », surtout celles de l'AJ Auxerre. Guy Roux nous emmenait dans le Morvan, un massif montagneux de Bourgogne. C'était un endroit paumé, où les téléphones captaient mal. Netflix et les autres plateformes n'existaient pas, donc on avait peu d'occupations. Hormis du repos et de la relaxation, on n'avait pas grand-chose à faire. Je ne vais pas mentir : on s'ennuyait à mourir. Mais ces mauvais souvenirs ne m'empêchent pas de penser que c'était utile pour être prêts, mentalement et physiquement, pour le match du week-end. Il peut y avoir des séances d'entraînement liées au schéma tactique préparé contre l'adversaire. D'ailleurs, j'en profite pour rectifier une chose que l'on entend souvent dans le milieu : certains aiment à dire qu'il existe des joueurs « d'entraînement », c'est à dire que quand la pression du match se fait sentir, le rendement n'est pas là. Dans ma carrière je n'ai jamais croisé ce type de joueurs, j'ai eu la chance de jouer avec des joueurs qui prenaient leurs responsabilités et étaient vaillants.

En Angleterre, la culture de la mise au vert n'existe pas. Les Anglo-Saxons considèrent que le footballeur doit être responsable et capable de gérer sa préparation. Les mises au vert n'étaient organisées que lors des lointains déplacements. Quand je jouais aux Queens Park Rangers, à Londres, je passais donc beaucoup de temps à la maison, car une demi-douzaine de clubs de Premier League sont basés à Londres.

C'est important aussi pour la cohésion de groupe. Souvent, nous dormions dans des chambres doubles.

À Liverpool, je partageais la chambre d'Harry Kewell, un attaquant australien. Cette cohabitation régulière nous a permis d'apprendre la culture de l'autre, et nous sommes devenus amis. Parfois, il m'arrivait de dormir avec Anthony Le Tallec, mon coéquipier français.

Au Panathinaïkos, nous avions des chambres simples, mais je choisissais toujours la chambre voisine de Cédric Kanté, un autre Français. Entre coéquipiers, on se rejoignait souvent dans la salle commune, ou dans les chambres. Ces instants « hors foot » permettaient de mieux connaître ses coéquipiers. Comme je vous l'ai dit plus tôt, il était capital pour moi de me sentir proche de mes partenaires.

À Clairefontaine, les plus capés avaient l'honneur d'une chambre simple, mais les nouveaux-venus devaient partager. À mon arrivée chez les Bleus, j'étais avec Sylvain Wiltord, avec qui je m'entendais très bien. Pour la Coupe du monde en Corée, j'étais aussi avec lui. Ça matchait bien entre nous.

À Marseille, les mises au vert étaient organisées dans un petit hôtel familial. C'était un endroit très agréable, où nous étions toujours bien reçus par les propriétaires, devenus au fil du temps des amis.

À quoi ressemblent vingt-quatre heures de mise au vert ?

Le matin du match, on sort afin de s'oxygéner et se dégourdir les jambes, au cours d'une marche collective, très détendue. Sinon, la mise au vert est émaillée de réunions avec le coach et le staff technique pour préparer la rencontre. L'alimentation est particulièrement surveillée, et le repos fortement conseillé. Le but n'est pas de « fliquer » les joueurs, mais de faire en sorte qu'ils aient tout à disposition pour performer le lendemain. Cela permet à tout le monde d'être au calme, loin des sollicitations.

À l'occasion des grandes compétitions, je lis souvent des articles qui disent : « Les footballeurs de l'équipe de France s'ennuient dans leur camp de base, car ils vivent plus d'un mois en vase clos, avec beaucoup de temps libre entre les matches. » Je suis en désaccord total avec ça. Durant toute notre jeunesse d'apprenti footballeur, nous avons rêvé de disputer la Coupe du monde ou l'Euro. Honnêtement, si j'avais encore la capacité de représenter l'équipe de France aujourd'hui, j'accepterais d'être enfermé six mois s'il le fallait. On est là pour disputer la plus belle compétition du monde. Est-ce facile de vivre enfermé avec vingt-deux autres gars pendant un mois ? Non. Est-ce agréable de manger la même nourriture au même endroit, trois fois par jour ? Non. Est-ce désagréable d'être chapeauté par le responsable de la sécurité de la sélection dès qu'on met un pied dehors pour visiter ? Oui. Cette routine est-elle amusante ? Non. Mais franchement, disputer une Coupe du monde, c'est tellement beau, qu'il est hors de question de se plaindre. On ne demande pas aux joueurs de devenir moine pendant une vie entière, cela dure seulement un mois. Ce sont souvent les anciens qui trouvaient le temps long, et qui réclamaient quelques temps de sortie supplémentaires. À Clairefontaine, on avait parfois l'autorisation de rendre visite à la famille ou d'aller déjeuner en ville, ce qui nous offrait une bulle d'oxygène.

Pour terminer ce chapitre,
voici mes conseils à un jeune footballeur :

Si tu veux réaliser tes rêves de jouer au plus haut niveau et de participer à une grande compétition, tu dois accepter de t'intégrer au processus qui va conduire ton équipe au sommet. Il faut apprendre à en profiter, car une carrière passe très vite. Une ligue des champions vaut tous les sacrifices...

CHAPITRE 11

SORTIES EN BOÎTE DE NUIT

À Auxerre, les sorties étaient rendues très compliquées par le système de surveillance mis en place par Guy Roux, notre entraîneur. Ses méthodes étaient uniques dans le milieu du football : il avait fait alliance avec les videurs des boîtes de nuit de la région, afin d'être prévenu dès que l'un de ses joueurs entrait dans l'établissement. Mieux, il disposait d'indics aux différents péages et dans les bars d'Auxerre et ses environs. Je vous garantis que ce n'est pas une légende ! À l'époque de Basile Boli, le DJ passait une chanson spéciale pour prévenir les joueurs.

Je ne suis pas le mieux placé pour raconter les frasques des footballeurs en discothèque, car je n'ai jamais été un grand fêtard. De ma vie, je n'ai jamais bu une goutte d'alcool. Je préfère les soirées organisées à la maison, entre copains.

Les nuits mémorables, dans mon souvenir, sont celles des grands titres remportés dans ma carrière : la Coupe de France à Auxerre, la Ligue des champions à Liverpool, le doublé à Athènes… Malgré ces grandes célébrations, j'ai toujours eu la volonté de bien me tenir.

J'ai rarement côtoyé de grands fêtards dans mes équipes.

Ronaldinho, qui a été mon adversaire quand il jouait au PSG, faisait énormément la fête, mais il était tellement bon sur le terrain que ses coéquipiers ne pouvaient pas lui reprocher grand-chose.

Se coucher tard, forcément, ce n'est pas bon pour le corps (au même titre qu'une mauvaise alimentation, ou que la consommation d'alcool), et cela peut entraîner des blessures. Les sorties peuvent nuire à l'hygiène de vie, mais c'est un tout.

Après une défaite, chacun fait ce qu'il veut, mais en ce qui me concerne, si j'avais été mauvais durant le match (même en cas de victoire), il était hors de question de me parler de soirée en boîte de nuit ou n'importe où ailleurs. Si je n'étais pas au niveau, je ne m'octroyais pas le droit de faire la fête. Mes coéquipiers le savaient et restaient loin de moi dans ce genre de situations.

J'étais un sprinter et il fallait que je fasse attention à mon poids, cent grammes en plus pouvaient tout changer à mon jeu. Autant vous dire qu'on mange plutôt bien en Bourgogne, ou que j'ai apprécié la cuisine méditerranéenne

Mon look pour un défilé de Jean-Paul Gaultier à Paris, pour la collection automne/hiver 2019/2020.

Ma nouvelle vie : je mixe pour la soirée de présentation de la marque de montres FOB Paris.

Célébration de mon but avec le coach Albert Emon, lors d'un match de ligue 1 PSG/OM.

À l'occasion de la présentation de ma nouvelle création, le t-shirt « Hype Means Nothing », je mixe aux côtés de DJ Abdel.

Je défile pour le show de la marque Gunther lors de la Fashion week de Paris en janvier 2022.

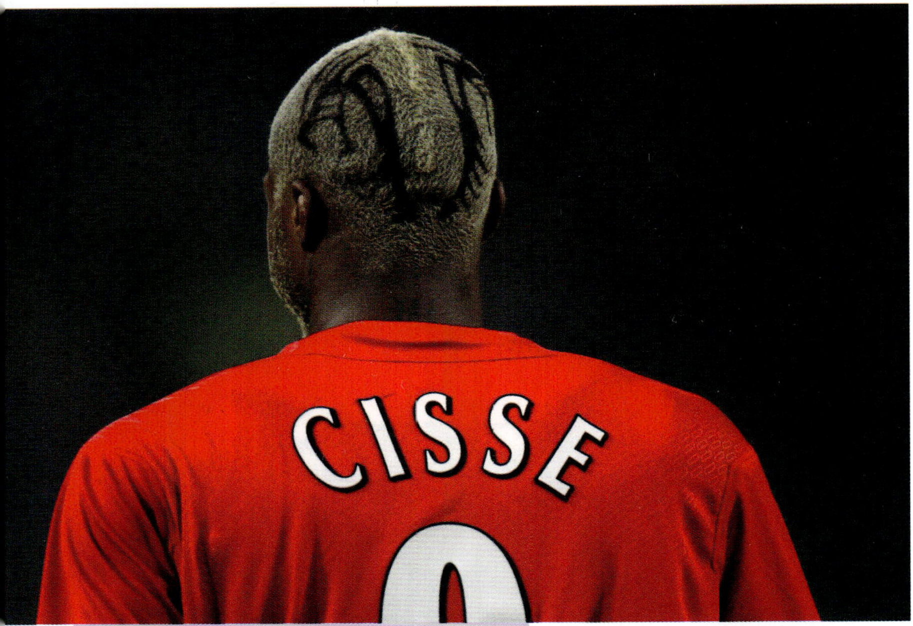

L'une des coupes de cheveux excentriques dont moi seul avais le secret, lors du match entre Liverpool et l'AC Milan.

Super expérience mode lors du Salon du chocolat à Paris en 2018.

Ma phrase fétiche, et les ailes en référence à l'Ange Gabriel, Djibril en arabe.

Ma Plymouth Prowler, la voiture de collection qui ne m'a jamais quitté.

Mon style signature avec une pièce bien flashy, lors de la cérémonie de remise des trophées de l'UNFP en 2022.

À l'UNFP avec Mbappé, où j'ai présenté la remise des trophées.

Je suis fier d'avoir pu jouer en équipe de France avec Zidane.

À mon époque Lazio Rome, une célébration périlleuse de mon but contre Milan, le 9 septembre 2011.

Avec LE coach.

en Grèce, ainsi que les pizzas et les pâtes en Italie. Mais si vous avez une mauvaise hygiène de vie cela peut avoir des conséquences. J'ai le souvenir d'être parti en vacances aux USA avec mon frère de cœur, Kyu. Avec le jetlag, on n'arrivait pas à dormir et on terminait la nuit dans des chaînes de fastfood, à manger des burgers. Lorsque j'ai fait ma reprise aux Queens Park Rangers, j'ai vu une photo de match et mon physique m'a choqué. J'avais vraiment pris du poids et cela était cohérent avec mes prestations, qui n'étaient pas très bonnes. Quand vous êtes un sprinter, le poids est un élément très important pour votre vitesse. Ces quelques kilos supplémentaires au retour de vacances, ça arrive à beaucoup de joueurs, car on a tendance à se lâcher. D'autant plus qu'on a peu d'activité physique. Avec le rythme des entraînements et de la compétition, on le perd normalement assez vite.

**Pour terminer ce chapitre,
voici mes conseils à un jeune footballeur :**

Si tu te projettes comme un footballeur et donc un sportif de haut niveau, ton hygiène de vie est primordiale, l'alimentation et le sommeil en sont les clés. Regarde la forme athlétique de Cristiano Ronaldo à trente-huit ans et la longévité de sa carrière, il est important de prendre les bonnes habitudes le plus tôt possible.

CHAPITRE 12

LES FOOTBALLEURS AIMENT-ILS LA TACTIQUE ?

Il existe différents types de séance-vidéo. En avant-match, on étudie le jeu de l'adversaire, afin d'identifier ses points forts et ses points faibles. Défensivement comme offensivement, c'est très enrichissant, et c'est surtout indispensable, car l'équipe adverse fait la même chose de son côté.

Ensuite, le lendemain ou surlendemain du match, le coach débriefe notre prestation, images à l'appui. Après une défaite ou un mauvais match, cela peut être un moment douloureux à vivre. Point par point, l'entraîneur joue des séquences découpées par son analyste vidéo et explique aux joueurs ce qui a été raté, et leur demande des comptes si le plan de jeu n'a pas été respecté.

À Marseille, Eric Gerets était le roi des analyses vidéo musclées, et affreusement longues. Ma compagne de l'époque avait l'habitude : quand je lui disais « aujourd'hui, on a séance vidéo », elle savait qu'elle ne me verrait pas de la journée. Le lendemain du match, ça ne le dérangeait pas de nous projeter la rencontre dans son intégralité, en arrêtant l'image dès qu'il avait un commentaire à nous adresser.

— Regardez cette action. Qu'est-ce que je vous avais dit de faire dans ce genre de situation ?

— Donner dans la profondeur…

— Alors pourquoi vous ne l'avez pas fait ? Ce qu'on travaille à l'entraînement ne sert à rien ?

— Il n'y avait aucun bon appel pour donner le ballon à ce moment-là…

Chacun apportait un élément d'analyse au débat, dans le seul but de mieux négocier chacune des occasions lors du match suivant. Le foot n'est pas une science exacte. Cela nécessite des échanges. On devait justifier nos choix sur le terrain auprès du coach belge.

C'était long. Très long…

À l'OM, le joueur qui avait des activités prévues le lendemain du match avait intérêt à s'assurer que la victoire soit au rendez-vous, sinon, il n'avait qu'à tout annuler.

L'entraîneur belge était aussi très doué pour analyser le jeu des adversaires, en avant-match.

Personnellement, je n'étais pas très friand des séances vidéo. Je trouvais ça interminable et rébarbatif. En plus, je ne trouve pas que cela corresponde vraiment à la vérité du match. Sur le terrain, il peut se passer n'importe quoi car nous jouons un sport imprévisible. C'est ce qui fait sa beauté. D'un match à l'autre, tout change. Les situations de jeu ne se répètent pas. J'avais donc parfois l'impression de perdre mon temps. Moi, je préférais multiplier les séances balle au pied, sur le terrain, face au but. Mais dans le football contemporain, il y a de plus en plus de travail vidéo, donc il faut s'y plier. Le plus enrichissant, c'est le petit montage individuel que l'on reçoit après un match. Cela permet de revoir ses propres actions, et d'analyser ce qu'on pourrait améliorer, notamment dans les derniers gestes offensifs, devant le gardien.

À plusieurs reprises, j'ai été pris à partie par Eric Gerets lors de ses fameux débriefs vidéo. Le technicien belge était réputé pour son franc-parler et avait pour habitude de placer tous ses joueurs au même niveau. Il me reprochait des appels en profondeur que je n'avais pas initiés, ou des pertes de balle.

— Ton contrôle n'est pas bon ! Techniquement, tu dois faire beaucoup mieux, Djibril, tu vois ?

Moi, j'étais déjà dégoûté d'avoir raté mon match. Et je n'avais ni besoin, ni envie, qu'on m'engueule comme si j'étais un enfant. Devant tous mes coéquipiers, en plus. Alors parfois, quand ses remarques me gonflaient, je lui répondais, très cash. Et ça chauffait ! Ça fait aussi partie de l'exercice. Gerets aimait les joueurs de caractère, donc cela ne s'est jamais mal terminé.

Dès qu'on sortait de la salle de vidéo, je me faisais chambrer par mes coéquipiers.

— Waaaah, Djibril ! Comment il t'a crié dessus, le coach !

Avant tout, mes partenaires étaient mes copains. Il ne faut jamais perdre de vue que, si important qu'il soit, le football reste un jeu.

Avant chaque séance-vidéo, comme on savait plus ou moins quel joueur avait été moins bon la veille, on s'amusait en chuchotant, pour deviner qui serait mis sur le grill en premier :

— C'est toi qui vas prendre cher !

— Toi aussi, le coach va te défoncer !

À Marseille, on était vraiment un groupe de copains, ce qui aide à passer ce genre de moments.

À Nantes, dans le vestiaire de La Beaujoire, la discussion avait été très tendue entre le Belge et Karim Ziani. C'était à la mi-temps du funeste huitième de finale contre Carquefou. À la pause, les amateurs menaient 1 à 0. Gerets avait des reproches à adresser à l'international algérien, ce dernier a répondu et la situation a manqué de dégénérer. Ziani et Gerets en sont presque venus aux mains. Ziani n'est pas revenu sur le terrain, remplacé par Elliot Grandin.

Dans ce genre de situation, il faut souvent organiser une réunion entre le joueur et le staff, dans la semaine, pour aplanir les tensions. Je n'y étais pas, mais je pense que cela s'est bien passé, car Ziani n'a pas été mis à l'écart. Parfois, on dit ou fait des choses dans le feu de l'action, entraîné par l'adrénaline.

Au cours de sa carrière, je pense que l'entraîneur belge a souvent rencontré des joueurs de caractère, comme Ziani et moi, qui lui ont tenu tête.

Quand on parle de tactique, il y a aussi la causerie du coach. C'est toujours un moment important. Cela permet à l'entraîneur de faire passer son message. Moi, je l'attendais surtout avec impatience pour recevoir la composition d'équipe et vérifier si je serais titulaire. Je n'avais pas besoin d'écouter un entraîneur, si bon soit-il, pour trouver une source de motivation. Mon métier, c'est de marquer des buts. Même sans coach, j'aurais envie de marquer des buts.

Certains entraîneurs sont très doués dans l'art de la causerie.

Parfois, cela tombe un peu à plat.

Je me rappelle très bien la causerie de Roger Lemerre, pour l'ouverture du Mondial 2002 en Corée du Sud. Il avait préparé une vraie déclaration d'amour à la France, notre pays. Pendant quelques jours, nous étions encore les champions du monde en titre.

— Toi, Zinedine, je te donne un maillot, je te donne un numéro et tu dois l'honorer.

— Toi, Fabien, je te donne un maillot, je te donne un numéro et tu dois l'honorer.

— Toi, Marcel, je te donne un maillot, je te donne un numéro et tu dois l'honorer.

— Toi, Djibril, je te donne un maillot, je te donne un numéro et tu dois l'honorer.

— Toi, Sylvain, je te donne un maillot, je te donne un numéro et tu dois l'honorer.

Il s'agissait de mots très forts. Le problème, c'est qu'il a répété cette phrase aux vingt-trois joueurs, diluant ainsi la force du message. Cette séquence nous a parue très longue...

Cela n'empêchait pas le coach Lemerre d'être un showman, un véritable homme de vestiaire. J'aimais beaucoup sa manière de diriger l'équipe avec beaucoup d'humanité. Il était très proche de ses joueurs. J'ai beaucoup accroché avec lui. Il m'a offert ma première sélection et ma première Coupe du monde, j'aurais aimé travailler plus longtemps avec lui.

Raymond Domenech, lui, était beaucoup plus calme. Il était très précis, s'attachant soigneusement à choisir ses mots. Il n'était pas agressif et ne pratiquait pas le rentre-dedans.

Une autre causerie que je n'oublierai jamais : celle de Rafael Benitez, avant la finale de Ligue des champions Liverpool-Milan. L'entraîneur espagnol avait rassemblé des coupures de presse, puis les avait placardées au mur. Dans les extraits d'articles de journaux italiens, on pouvait lire les déclarations des *Rossoneri* qui laissaient entendre que cette finale serait une formalité. Il est vrai que les Milanais avaient déjà remporté la coupe aux grandes oreilles deux ans plus tôt. Les murs de la salle, puis les vitres du bus étaient remplies de ces coupures de presse insolentes. Le coach espagnol voulait nous piquer, afin de nous faire comprendre qu'on n'était pas respectés par notre adversaire. Quand on s'est assis, on s'est tous regardés, l'œil mi-amusé, mi-agacé, par le sentiment de supériorité des Italiens. En quelques regards, on s'était dit qu'on ne se laisserait pas faire. On avait une rage supplémentaire et ça a marché.

Parfois, les coaches donnaient la parole aux différents capitaines, notamment en Angleterre, afin qu'ils puissent apporter leur point de vue dans la manière d'aborder le match. Si Benitez les sollicitait, Gerrard et Carragher s'exprimaient, mais jamais spontanément. Ils avaient le sens de la hiérarchie et attendaient l'aval du coach pour se lever.

C'est en Italie que mon travail tactique a été le plus poussé. Ce n'est pas une légende : l'Italie, c'est la mode, la pizza, et... la tactique ! Quand je jouais à la Lazio Rome, certaines séances d'entraînement se disputaient sans ballon. Edoardo Reja, un technicien très expérimenté, disposait ses onze joueurs sur le terrain, soit face aux remplaçants, soit face à des plots, et nous faisait avancer les uns, les autres, pour nous expliquer les mouvements que l'on devait entreprendre sur le terrain. Pendant une heure, l'entraîneur transalpin nous enseignait l'art du déplacement. Cet étonnant travail tactique me faisait toujours penser au boxeur qui s'entraîne en faisant du *shadow boxing*, c'est-à-dire en donnant des coups dans le vide. Plusieurs mannequins de couleur étaient disposés sur le gazon, et selon les consignes de Reja, qui nous téléguidait comme des voitures d'enfant, on devait aller presser la couleur demandée.

Cela permettait à notre entraîneur de nous expliquer, en pratique, le circuit de passe préférentiel de notre prochain adversaire.

— Regardez comment joue cette équipe, à chaque relance : le latéral gauche donne au central — le central touche le 6 — le 6 donne au 8 – le 8 fait une transversale sur le côté gauche – puis le ballon arrive devant le but.

Nous devions donc nous déplacer sur le terrain en opposition au circuit préférentiel de l'adversaire, afin de bloquer certaines passes. La visée était de les empêcher de mettre leur jeu en place.

Ce travail est assez insupportable. On passe notre temps à courir, sans voir un seul ballon ! Il faut enchaîner une cinquantaine de courses de 10-15 mètres. Ce n'est pas spécialement fatiguant, mais le plaisir de jouer au foot n'y est pas. C'est du « stop and go » incessant. Je ne sais même pas si j'ai appris beaucoup de choses pendant cette année au centre d'entraînement de la Lazio, à simuler les situations de jeu dans le vide, comme un boxeur qui fait du shadow boxing. Allez, peut-être dans le placement sur la hauteur du terrain, pour savoir où se situer sur le terrain. Le problème, c'est qu'on travaille sans ballon, sans pressing, sans intensité. On joue le match sans être dans le match, donc on ne peut pas véritablement se rendre compte de la réalité. En fait, on travaille comme si on était au tableau. Avec des plots et des cases qui bougent, on ne reproduit pas la vérité du terrain. Je vous donne un exemple : si on passe la semaine à étudier le système préférentiel d'une équipe qui relance latéral droit-latéral gauche. Bon, imaginons que j'intente un pressing sur le défenseur et qu'il décide aussitôt de jouer long en sautant une ligne ? Ou qu'il décide de passer en retrait à son gardien en prenant peur en me voyant arriver ? Chaque situation du match entraîne des choix différents. Il est impossible de tout prévoir. Évidemment, si on affronte Leo Messi, on sait que ses partenaires vont tenter de jouer avec lui huit fois sur dix, au minimum. Cependant, cela n'empêchait pas le Barça d'Iniesta et Xavi de trouver des solutions dès que Messi était muselé. Autre système, et autre façon de défendre. Et donc, les plans tombent à l'eau. Il faut toujours être capable de jouer plusieurs footballs.

Mon dispositif tactique préféré, c'est le 4-3-3, car j'avais l'habitude de jouer seul devant, mais j'étais aussi très à l'aise dans un 4-4-2, à condition que je sois devant et que je puisse prendre les espaces avec un attaquant comme Peter Crouch en « targetman ».

Je n'avais pas de schéma tactique particulier en fonction des gardiens contre lesquels j'allais jouer. J'ai affronté des grands noms comme Barthez, Bouffonne, mais je ne préparais pas mon match en fonction de ça. J'y allais pour marquer, j'étais confiant et sûr de mes qualités. Je ne faisais pas attention à qui j'avais en face. Je partais avec l'état d'esprit que ça passerait, quel que le soit le gardien. Quand je jouais en Ligue 1, Charles Itandge, à Lens, donnait tout face à moi et me faisait vraiment galérer. Mais ce sont des situations assez rares pour un attaquant.

Pour terminer ce chapitre,
voici mes conseils à un jeune footballeur :

Chaque entraîneur cherche à te transmettre quelque chose, essaie de prendre le meilleur de chacun et n'hésite pas à mettre de côté ce qui ne te correspond pas. Aucune séance vidéo ne remplacera ton instinct de buteur, qui reste prioritaire dans ton jeu.

CHAPITRE 13

CÉLÉBRATIONS DES BUTS

La célébration d'un but est un moment très important pour un avant-centre.

J'ai eu la chance de connaître l'époque où le règlement stupide n'imposait pas à l'arbitre de sanctionner d'un carton jaune tout joueur qui retirait son maillot pendant un match. En effet, depuis 2004, l'article 12 des Lois du jeu stipule les choses suivantes : « Les joueurs sont autorisés à exprimer leur joie lorsqu'un but est marqué, mais sans effusion excessive. Les manifestations de joie raisonnables sont autorisées. Toutefois, les célébrations orchestrées ne doivent pas être encouragées si elles entraînent une perte de temps excessive. Dans ce cas, les arbitres doivent intervenir. Un joueur doit être averti : si, de l'avis de l'arbitre, il fait des gestes provocateurs, moqueurs ou incendiaires ; s'il grimpe sur les grilles entourant le terrain pour célébrer un but qui vient d'être marqué ; s'il enlève son maillot ou s'en couvre la tête ; s'il recouvre sa tête ou son visage d'un masque ou autre article analogue. »

J'ai souvent utilisé mes buts pour faire passer des messages, mais jamais dans un objectif polémique. C'était pour les anniversaires des membres de ma famille, ou des mots d'encouragement quand l'un de mes coéquipiers avait subi une grave blessure. J'imprimais un mot sur un t-shirt blanc et dans la foulée de mon but, je courais vers les caméras en soulevant ou retirant mon maillot.

Ma célébration favorite, celle qui me définit, est le salto.

J'ai commencé à travailler ce geste dans mon quartier d'enfance. Mon voisin du dessous, Emmanuel Lopez, était gymnaste. Dans ma bande d'amis, il était le seul à ne pas jouer au football. Le soir, quand il rentrait de ses entraînements, il nous enseignait ses acrobaties : roues, rondades, flips, sauts de mains… ça m'intriguait énormément et je tentais de l'imiter, en vain. Titillé par la supériorité de mon copain, j'ai décidé d'apprendre un geste qu'il ne maîtrisait pas : le salto. La seule différence avec lui, c'est que je ne m'exerçais pas sur les tapis du gymnase, mais sur le bitume du quartier. Beaucoup plus risqué… Pendant des mois, j'ai enchaîné les galères, les gamelles et les blessures, sans jamais réussir à maîtriser l'art du salto.

Quelques temps plus tard, je dispute une compétition de jeunes très importante, à Montpellier, avec Nîmes.

Je dois avoir treize ou quatorze ans. Je marque un très joli but, et d'instinct, probablement porté par l'adrénaline, je pense au salto, et je me dis que je dois célébrer ainsi cette réalisation. J'ai réussi mon geste, et c'est devenu la marque de fabrique du jeune Djibril Cissé.

À quinze ans, ça scotchait tous les spectateurs massés derrière les mains courantes. Dès que je marquais un but – et ça arrivait souvent – je réalisais mon salto. À mon arrivée en Bourgogne, j'étais l'attraction du centre de formation de l'AJA, car personne n'avait encore assisté à ce genre de célébration fantaisiste, encore moins dans les équipes de jeunes.

Au début, Guy Roux ne me faisait aucun commentaire à ce sujet. Finalement, il m'avait interdit ce geste car il craignait que je ne me blesse. Je tentais de lui obéir, mais parfois, après un but exceptionnel, c'était plus fort que moi. Salto ! Cependant, je ne pouvais pas lui en vouloir : c'est un saut très haut, avec une réception risquée et potentiellement douloureuse pour le genou et la cheville. D'ailleurs, c'est arrivé à Jeffinho, sous mes yeux, en février 2023. Lors d'un match de Coupe de France que je commentais pour France Télévisions, le Brésilien de l'OL a effectué une rondade puis un salto et s'est blessé dans la foulée.

Une fois, à Liverpool, j'ai raté ma réception. J'avais effectué une roulade avant de me relever. Heureusement, je ne me suis jamais blessé. Mais c'est un geste dangereux : il faut le bon angle de décollage. On peut vite retomber trop bas ou finir sur le dos. Quand, à douze ans, je sautais sur le béton, j'étais totalement inconscient.

Plusieurs années plus tard, mon salto a été imité par de grands buteurs, à l'image de Steve Savidan.

Parfois, on imaginait des célébrations collectives. Cela m'arrivait avec Olivier Kapo, quand il nous arrivait de regarder ensemble un film ivoirien ou des humoristes africains. Dans notre chambre, on préparait quelques pas de danse pour le match du week-end. À Liverpool, c'était avec Florent Sinama-Pongolle. À Sunderland, j'avais trois coéquipiers nés à Trinité-et-Tobago (Kenwyne Jones, Dwight Yorke et Carlos Edwards), amoureux de musique *dancehall* et de *ragga*, donc les inspirations de chorégraphie jamaïcaine ne manquaient pas.

J'aimais beaucoup la célébration de mon rival numéro un, Pedro Pauleta. Originaire de l'île des Açores, il mimait le vol de l'aigle avec ses bras après chacun de ses buts. Tous les ans, on se tirait la bourre, et je trouvais ça cool qu'il représente sa région d'origine dans sa célébration. C'était important pour lui et ça avait du sens.

Pascal Feindouno tentait de belles improvisations dans la foulée de ses buts, comme son compère Jean-Claude Darcheville.

En Angleterre, la célébration la plus drôle que j'aie vue avait été inventée par Jimmy Bullard. L'ancien joueur de Wigan et Fulham s'amusait à faire asseoir tous ses coéquipiers autour de lui, puis les pointait du doigt à la manière d'un maître d'école. Hilarant !

Je n'oublie pas non plus Peter Crouch. Il se transformait en robot ! Comme il est immense (2,01 m), avec ses longs membres, ça rendait très bien. Même s'il l'imitait mal, c'était réussi !

Sacré *Crouchy*… J'ai de très bons souvenirs avec ce mec. Ce qui m'avait marqué par-dessus tout en le découvrant à Liverpool, c'étaient ses qualités techniques et sa vitesse d'exécution. Souvent, un joueur d'une aussi grande taille ne court pas vite et n'est pas très agile. Je l'ai vu marquer des buts sur ciseaux retournés. Lors des premiers entraînements, quand je voyais le ballon arriver un peu trop dans ses pieds, ou à l'inverse, trop dans la profondeur, je pensais naïvement qu'il ne parviendrait pas à se débrouiller. En réalité, sa vitesse de réaction était hors du commun. Dans un collectif, Crouch était un atout exceptionnel car dans les airs, il était le premier sur tous les ballons. Dans le vestiaire, Pete me chambrait sur mon style vestimentaire. Il lui arrivait même de « voler » mes tenues excentriques pour s'habiller avec et faire l'idiot, pour amuser la galerie. Peter Crouch ne s'arrêtait jamais de plaisanter. Hormis après une défaite, j'ai toujours vu *Crouchy* de bonne humeur…

Pour les célébrations, chaque buteur essaie d'apporter sa touche personnelle. Nous sommes une race à part.

Un buteur est très sûr de lui, donc il n'a peur de rien et peut tout oser, tout se permettre.

J'apprécie beaucoup les danses des équipes africaines, pendant la coupe d'Afrique des nations. C'est très festif, partagé par tout le collectif.

Quand on parle de célébration, on est obligés de parler de Cristiano Ronaldo. Le Portugais a réussi l'exploit d'inventer une célébration qui est désormais reconnue dans le monde entier, et reprise par plusieurs joueurs, notamment les jeunes et les enfants, et même récemment lors de la Coupe du monde féminine en Océanie. C'est vraiment très fort.

Je ne connais pas la signification du gimmick de Kylian Mbappé, mais je le trouve très réussi. Antoine Griezmann, son partenaire en équipe de France, est aussi très amusant en variant ses célébrations.

L'un des plus drôles, c'est Gabriel Jesus, qui mime un coup de téléphone après chaque but. J'aime beaucoup l'histoire derrière : son ex-fiancée l'avait quitté quand il était encore un jeune footballeur inconnu, et quand il est devenu une star, elle le rappelait sans cesse, par intérêt.

La religion est également présente sur le terrain. Très pieux, les Brésiliens font souvent le signe de croix, quand les Musulmans se prosternent.

Pour moi, une célébration est réussie quand elle est personnelle, quand elle touche à l'histoire du buteur.

A contrario, certains avant-centres n'aimaient pas particulièrement ce rituel. Beaucoup d'observateurs ont reproché à Thierry Henry de ne pas fêter ses buts. En fait, Titi craignait de se déconcentrer. Il détestait sortir de son match et trouvait cela futile. Il n'avait pas tort, car en fêtant son but de façon euphorique, le buteur quitte la terre pendant quelques secondes et il peut lui falloir quelques minutes pour retrouver la concentration nécessaire. Chacun a son propre tempérament.

Souvent, on entend qu'il ne faut pas célébrer un but contre son ancien club. Cela m'est arrivé plusieurs fois. Avec QPR, j'ai marqué contre Liverpool. Avant la rencontre, j'avais prévu de ne pas célébrer mon but éventuel mais de toute façon, après avoir marqué de la tête, j'avais ressenti une douloureuse crampe au mollet, ce qui m'aurait empêché de faire quoi que ce soit. Cela dit, je ne considère pas que le fait de fêter un but contre son ancien club soit un manque de respect. C'est un peu plus compliqué quand on vient seulement d'être transféré, si les anciens coéquipiers sont sur le terrain – ce qui était mon cas lors du QPR-Liverpool. Quand j'étais à Auxerre, j'avais marqué contre l'Olympique de Marseille. À cette époque, je n'avais encore jamais joué sur la Canebière mais c'était déjà mon équipe de cœur, je n'en faisais pas un secret – j'avais donc célébré modérément. Ni salto, ni maillot relevé. Avec Bastia, j'ai inscrit un doublé contre l'AJ Auxerre, en Coupe de France. Ce jour-là, personne ne pouvait me reprocher de célébrer ces deux buts. Avec ma prothèse de hanche, je traversais une période délicate, avec peu de temps de jeu, j'avais des choses à prouver aux supporters corses qui commençaient à perdre patience. De plus, les Auxerrois savent à quel point leur ville et leur club sont dans mon cœur pour toujours.

Ces moments d'euphorie me manquent beaucoup. D'ailleurs, le football en général me manque, car il représente une grande partie de ma vie.

Mais tout ce que je fais aujourd'hui, c'est grâce au foot. Dès que je regarde un match, ou dès que je joue avec des copains, je vibre énormément. En revanche, le salto, c'est fini ! Avec une prothèse de hanche, c'est fortement déconseillé.

Il y a aussi une célébration que je ne peux pas oublier, c'est celle de Fabien Barthez et Laurent Blanc pendant la Coupe du monde 1998. Avant les matches Laurent embrassait le crâne rasé de Fabien pour se porter chance. Je pense qu'ils avaient improvisé, il lui a fait un bisou une fois et c'est devenu leur geste fétiche, ça nous lie à eux et nous laisse un souvenir de ces grands moments de football. C'était un geste qui venait du cœur, et avec la victoire, c'est devenu un geste fort de la compétition. J'ai toujours aimé ces témoignages d'amitié, surtout lorsqu'ils mènent à la victoire, c'est fort en émotion.

Pour terminer ce chapitre,
voici mes conseils à un jeune footballeur :

Je crois qu'il est important de fêter les succès, alors trouve une célébration qui corresponde à ton histoire personnelle, et lorsque le succès arrive profite de cet instant et de cette émotion, c'est elle qui va te donner l'envie et l'énergie d'aller gravir de nouvelles montagnes.

CHAPITRE 14

ÉCHANGES DE MAILLOTS

Le maillot est l'uniforme du footballeur. C'est notre armure. Avec le maillot de son équipe sur le dos, on est plus fort et plus costaud. Prêt pour partir à la guerre ! C'est aussi ce qui relie deux coéquipiers : mêmes couleurs, même logo, c'est-à-dire que l'on représente la même famille. Un maillot, ça se respecte, ça ne se prête pas n'importe comment et ça ne se donne pas à n'importe qui. Jamais je n'ai donné mon maillot à quelqu'un susceptible de le revendre sur Internet ou même de le donner à d'autres personnes. Quand j'offre mon maillot, c'est une partie de mon histoire que je confie. Le destinataire doit chérir ma tunique, sinon, il n'en est pas digne.

Quand je donne un maillot important, je veux savoir ce qu'il va devenir. Encore aujourd'hui, je suis capable d'en assurer la traçabilité.

Le maillot qui a marqué quatre buts à Rennes ? Chez ma mère.

Le maillot qui a réussi le ciseau contre le PSG ? Chez mon frère.

Mon premier maillot de l'équipe de France ? Chez ma mère.

Le maillot de la finale de Ligue des champions ? Encadré, chez moi.

Ces moments importants de ma vie ne doivent pas s'évaporer dans la nature.

De même, à l'issue des matches, je n'aimais pas échanger mon maillot avec n'importe qui. Je choisissais un joueur que j'admirais, ou alors un adversaire avec qui j'avais partagé quelque chose, ou avec qui j'avais échangé au préalable. Vous connaissez peut-être la tradition : au terme d'une rencontre, les footballeurs retirent leur maillot et l'échangent avec un adversaire. Cela permet d'avoir des souvenirs à la fin de sa carrière, d'expliquer ce qu'on a fait à ses enfants dans sa vie d'avant.

À Auxerre, nous n'avions qu'un seul maillot à disposition par match, et si on en donnait un supplémentaire, on était facturés. Avec Guy Roux, ça ne plaisantait pas ! J'ai donc pris l'habitude de réfléchir avant de donner mon maillot.

Avec le développement d'Internet, les supporters ont pris la fâcheuse habitude de revendre les maillots que leur offrent les footballeurs à l'issue d'une rencontre. Cette mode est très agaçante. Récemment, j'ai repéré, sur un site de vente en ligne, des crampons qui m'appartenaient. Si c'est pour faire ça, à quoi bon me les demander ? Je préfère offrir mes affaires aux fans que je connais. L'un d'entre eux, Aymeric, dispose de la collection complète de tous les maillots de ma carrière, en club comme en sélection. Je sais qu'il ne les vendrait pour rien au monde. Même s'il devait manger des cailloux, il conserverait mes maillots, car c'est sa collection, sa passion. C'est un très bon mec, à qui je prends plaisir à offrir mes tenues. Récemment, il m'a contacté car il cherchait mon maillot de la JS Saint-Pierroise, à La Réunion, où j'ai fait une courte pige en 2015. Malgré ses recherches, il ne parvenait pas à trouver ce maillot et c'était normal : comme je n'avais joué qu'un seul match dans l'océan Indien, je n'avais utilisé qu'un seul maillot, et celui-ci se trouve dans mes placards. Je l'offrirai à Aymeric prochainement.

Moi-même, je collectionne les maillots récoltés au fur et à mesure de ma carrière, car ils disent beaucoup de mon parcours. Quand j'observe les noms floqués dessus, je réalise la qualité de mes adversaires (ou coéquipiers) pendant quinze ans. Dans mes placards, j'ai les maillots suivants : Messi, Beckham, Henry, Zidane, Rivaldo, Zlatan Ibrahimovic, Yaya Touré, Kun Aguero, Rooney, Seedorf…

C'est une manière de faire l'inventaire de ma vie. Quand je tombe sur le maillot de Rivaldo, je réalise que j'ai affronté des légendes, des joueurs qui ont marqué leur époque. Zizou, j'ai son maillot de l'équipe de France, floqué numéro 10, et sa tunique du Real frappée du numéro 5. De plus, ces maillots représentent des époques mythiques. Il suffit de voir le maillot du Milan pour se souvenir qui le portait durant ces années-là : Maldini, Kaka… Le simple fait de revoir ces maillots me permet de me plonger dans mes souvenirs. Quand je tiens la tenue de mon adversaire entre mes mains, je me rappelle aussitôt ma performance, si j'ai été bon ou pas, si j'ai marqué, si mon but était beau… J'ai une mémoire très précise de tous mes matches, et surtout, de mes buts.

Malgré cette belle collection, j'ai quelques regrets en pensant à deux ou trois joueurs que j'admirais, dont je n'ai pas les maillots, soit parce que je ne les ai pas affrontés, soit parce qu'ils avaient promis leur armure à quelqu'un d'autre. En finale de la Ligue des champions, j'aurais aimé échanger avec Andrea Pirlo, mais il s'était déjà entendu avec Stevie Gerrard. Je me suis donc rabattu sur Clarence Seedorf, pas de quoi me plaindre…

Généralement, les très grands joueurs sont sollicités dès l'échauffement par leurs adversaires, pour échanger à la fin du match. Quand on joue contre Messi, il serait illusoire d'obtenir son maillot après le coup de sifflet final sans lui en avoir parlé avant. Les gros maillots se négocient toujours à l'avance. Dans les couloirs d'un stade, j'ai déjà reçu trois ou quatre demandes d'affilée d'adversaires qui me proposaient un échange à l'issue de la partie. J'étais donc contraint de répondre :

— J'ai déjà promis le maillot à ton coéquipier, arrange-toi avec lui.

Parfois, le joueur à qui j'avais fait la promesse me confiait finalement :

— Donne plutôt ton maillot à mon latéral droit, son père est fan de toi.

En sélection, j'avais la chance de côtoyer des grands joueurs. À Clairefontaine, quand j'évoluais encore à Auxerre, Sylvain Wiltord m'avait rapporté son maillot d'Arsenal, que j'ai toujours conservé précieusement.

Malheureusement, les footballeurs ne peuvent pas choisir le style de leur maillot. Celui-ci est imposé par le club et l'équipementier, chaque année. Selon les saisons, j'ai joué avec des tenues splendides – ou beaucoup plus discutables.

Le plus beau maillot de ma carrière ? Je n'ai pas besoin de réfléchir longtemps. C'est évidemment le maillot moulant « PlayStation 2 » de l'AJ Auxerre, couleur blanche à domicile, bleue à l'extérieur, saison 2002-2003. Avec l'équipe nationale d'Italie, nous étions les premiers à jouer avec un maillot collé au corps. Avec ce maillot, nous étions des guerriers, et il nous a permis d'accomplir une saison exceptionnelle. À mes yeux, cette tenue représente « la naissance de Djibril Cissé ». Quand je tiens ce bout de tissu entre mes doigts, je revois les matches, mes buts, l'ambiance de l'Abbé-Deschamps, la Coupe de France. C'est le début de ma carrière, mon explosion à Auxerre. On faisait mal à tous nos adversaires. Sur le plan du style, ce maillot PlayStation était vraiment très réussi, c'était un beau coup de communication de la part de l'AJA. Avec ma teinture blonde et mes crampons Adidas F50, c'était 100 % Djibril !

À l'inverse, certaines tenues étaient d'assez mauvais goût : le maillot jaune de Liverpool, vraiment pas terrible ; le maillot orange et bleu de l'OM, très étrange. J'aime beaucoup les tenues flashy, mais là, c'était raté. En revanche, je me souviens d'un maillot de Marseille qui a été très critiqué, mais que j'appréciais : maillot bleu à motif Jacquard, avec un col. On l'avait porté pour la première fois contre Strasbourg, une victoire 4 à 3, j'avais inscrit un doublé dont le dernier but, pour qualifier l'OM en Ligue des champions. Je vous l'ai dit : montrez-moi mon maillot, je vous raconterai l'histoire…

Le maillot bleu, celui de l'équipe de France, c'était toujours spécial.

**Pour terminer ce chapitre,
voici mes conseils à un jeune footballeur :**

Pour moi, il n'y a pas de secret, pour être performant sur le terrain, il faut être passionné. C'est pour ça que comme beaucoup de footballeurs, j'ai eu du mal à arrêter. Au niveau professionnel, c'est une tradition de collectionner les maillots, quand on arrête, cela nous rappelle les matchs joués. Entretiens toujours ta passion. L'argent ne change rien à l'amour du ballon.

CHAPITRE 15

L'ÉQUIPE NATIONALE, UNE PRIORITÉ

Le jour de ma première sélection, j'avais 20 ans. C'était au Stade de France, un mois avant le Mondial en Asie. J'avais remplacé David Trézéguet à la mi-temps. J'étais très ému, car d'un seul coup, j'intégrais l'équipe des champions du monde en titre. Par procuration, je me sentais un peu champion du monde, moi aussi. Surtout, en devenant international, je savais que j'allais rencontrer l'une de mes idoles : Zinedine Zidane. C'était ma première pensée. J'ai dû attendre un peu avant de le croiser, car lors du premier stage à Tignes, Zizou préparait la finale de la Ligue des champions, avec le Real Madrid (souvenez-vous de sa volée exceptionnelle du pied gauche, qui offre la coupe aux Galactiques face au Bayer Leverkusen). Il est arrivé après les premiers matches amicaux. Le numéro 10 des bleus nous a rejoints directement en Asie, et on a malheureusement appris qu'il était légèrement blessé. Ça ne m'avait pas inquiété, car je pensais « Zizou n'est pas un humain, il va se remettre très vite ». Quand il est entré dans le vestiaire pour la première fois, il s'est passé quelque chose de fort. Dans ce groupe composé de champions du monde et de champions d'Europe, j'étais le seul à n'avoir jamais rencontré la star. Durant toute la semaine précédente, je me posais cette question en boucle : *Quand Zidane sera en face de moi, qu'est-ce que je vais lui dire ?* J'étais très intimidé, comme je l'ai été seulement dans ma vie face à Jean-Pierre Papin. Quand on rencontre de tels monstres du football, on se sent tout petit. En réalité, ce sont des hommes humbles, ouverts, sensibles au partage et à la transmission. Dès mes premiers contacts avec Zizou, pendant la préparation du Mondial, je me suis surpris à lui parler comme s'il s'agissait d'un copain de vestiaire « normal ». Il avait suffi de quelques secondes pour qu'il passe du statut d'idole intouchable à coéquipier. Aujourd'hui, je suis resté très proche de lui. Récemment, je suis allé le voir au complexe Z5 d'Aix-en-Provence, et je lui ai demandé d'intervenir dans un documentaire que je prépare, ce qu'il a aussitôt accepté. Avec lui, je n'ai pas besoin de passer par un attaché de presse ou un agent. Je me souviens que mon cameraman n'osait pas l'aborder, car ça lui semblait trop simple. J'ai une très belle relation avec Zidane. En équipe de France, on passait notre temps à parler de Marseille et du Sud de la France. Thierry Henry, c'est pareil. S'il est à Paris et que j'ai besoin de lui, je sais qu'il répondra présent dans la demi-heure. Certains événements de la vie nous ont rapprochés. Sylvain Wiltord, idem, il est comme mon frère.

Mon intégration en équipe de France s'était remarquablement passée. En quelques heures, j'avais l'impression de faire partie de cette équipe depuis de longues années. Lors de mon arrivée à Tignes, beaucoup de titulaires étaient encore absents mais je me rappelle avoir été reçu par quelques tauliers : Frank Lebœuf, Vincent Candela, Christophe Dugarry, Bixente Lizarazu et Sylvain Wiltord. Cette équipe étant issue de France 98, il n'y avait que des légendes. Les grands joueurs sont des êtres humains normaux. Tous m'ont accueilli comme un petit frère. Ils ne faisaient aucune différence avec moi et ne cherchaient pas à laisser de côté le benjamin du groupe. Au petit déjeuner, Frank Lebœuf était le premier à avoir un mot à mon endroit :

— Ça va, le petit ? T'as bien dormi ? T'es en forme ?

Aujourd'hui, quand je croise Frank Lebœuf, je l'appelle « Papa ».

Dès mon arrivée, l'intendant m'a dit que je partagerais ma chambre avec Sylvain Wiltord. J'ai franchi la porte, il m'a pris dans ses bras, et je crois que notre amitié a débuté dans l'instant. C'était fusionnel et naturel. Dès la fin de la

Coupe du monde, l'attaquant d'Arsenal m'a accompagné chez ma mère, dans le Sud, pour les vacances.

Lilian Thuram, Marcel Desailly, Fabien Barthez… je pourrais citer tous les anciens car je les aime tous profondément.

Barthez est un homme simple, calme et respectueux. Ce n'est pas celui que je connais le mieux, car on n'a jamais pris de vacances communes, mais je n'oublierai pas tout ce qu'il a fait pour moi. C'est le genre de joueur, dans un vestiaire, qui parle peu mais qui est écouté dès qu'il ouvre la bouche. À l'image de Zizou, il ne parlait jamais pour ne rien dire.

Malheureusement, le Mondial 2002 ne s'est pas déroulé comme on l'imaginait. Nous avons perdu contre le Sénégal (1-0), avant d'être tenus en échec par l'Uruguay (0-0) et de perdre contre le Danemark (2-0). Je suis entré en jeu à chaque match, en seconde période, remplaçant tour à tour Sylvain Wiltord, David Trézéguet et Christophe Dugarry.

À l'issue de l'élimination au premier tour, le vestiaire était terriblement triste. Ce n'était pas beau à voir. Beaucoup de champions du monde avaient prévu d'interrompre leur carrière internationale à l'issue du Mondial. Finir ainsi, sans avoir inscrit le moindre but, c'était rude. Assis devant son casier, Marcel Desailly était atterré. Puis, quand j'ai vu Lilian Thuram pleurer, je me suis senti très mal. Du haut de mes vingt ans, je réalisais que mes héros étaient aussi des humains, et qu'ils n'étaient pas infaillibles.

C'était une vraie leçon. Peu à peu, en retenant mon souffle dans ce vestiaire torturé de regrets, j'ai ressenti de la culpabilité. En moi-même, je me reprochais de ne pas avoir inscrit le ou les buts qui auraient tout changé, et qui auraient rendu le sourire à ces grands champions qui m'avaient si bien accueilli dans leur groupe. Ensuite, la frustration s'est mêlée à toutes les autres sensations. Lors des deux premiers matches, j'étais seulement entré à la 81e minute, et à l'heure de jeu face au Danemark. Si j'avais été titulaire, que se serait-il produit ? Aurais-je réussi à mettre mon jeu en place avec plus de temps sur le terrain ? Dans le silence du vestiaire, quand les champions du monde n'avaient que leurs yeux pour pleurer, j'avais la tête baissée.

De temps en temps, le silence était rompu par les mots de Marcel Desailly, notre capitaine, ou ceux de Lilian Thuram. Je crois que Roger Lemerre s'était aussi exprimé, mais la déception était si grande que je ne saurais retranscrire leurs discours.

Jusqu'au dernier match, on avait cru à la qualification. Auparavant, je n'avais pas ressenti de morosité particulière dans le vestiaire. On s'était battus jusqu'au bout. Au retour de la Coupe du monde, beaucoup de choses avaient changé car un certain nombre de joueurs importants, parmi lesquels Lilian Thuram et Youri Djorkaeff, avaient quitté la sélection. Roger Lemerre, lui, avait été remplacé par Jacques Santini. C'était la fin d'une époque.

Durant toute ma carrière, l'équipe de France est restée ma priorité. Tous mes choix de club ont été faits en rapport avec l'équipe de France, ou en accord avec le sélectionneur en place. Je peux tous les expliquer, sauf quand je suis parti au Qatar : là, je l'assume, il s'agissait d'une très belle opportunité financière, et je suis allé jouer pour le chèque. Quand j'avais besoin d'un nouveau point de chute, partout où j'ai signé, j'ai fait attention à ma visibilité pour le sélectionneur : soit en France (Marseille, Bastia), soit en Premier League, le championnat le plus médiatisé (QPR, Sunderland), dans des tops clubs (Liverpool, Lazio) ou dans des équipes qui disputaient la Coupe d'Europe (Panathinaïkos, en Ligue des champions, et Krasnodar, en Ligue Europa). Jusqu'au bout de ma carrière, et même avant la Coupe du monde 2014 quand j'ai signé en Corse, j'ai toujours eu l'ambition de redevenir le Djibril Cissé fougueux qui pouvait prétendre à l'équipe de France. Je n'ai jamais lâché. À la moindre offre transmise par mon agent, je le questionnais :

— Est-ce que ça va m'emmener en sélection ?

Que ce soit pour y rester, pour y revenir, j'ai toujours pensé à l'équipe de France. Au moment de choisir un club, l'autre donnée qui comptait pour moi était l'atmosphère du stade. En tant qu'avant-centre, j'avais besoin des chants du public et des décibels pour me porter vers l'avant. Hormis au Qatar, j'ai toujours joué dans de grosses ambiances.

Quand Didier Deschamps a remplacé Eric Gerets à Marseille, j'étais déjà parti en prêt à Sunderland. À son arrivée, j'ai eu une conversation téléphonique avec l'ancien capitaine de l'équipe de France (avec qui je n'ai jamais joué, car il a pris sa retraite internationale en 2000). D'après mon contrat, j'étais censé retourner à La Commanderie.

— Je sais que tu veux retrouver l'équipe de France, et je vais t'y emmener, m'assure le nouveau coach de l'OM.

— Ok, coach, mais j'ai vraiment besoin de temps de jeu.

— Au début, il y aura un peu de concurrence. Tu ne commenceras pas la saison dans le rôle d'un titulaire, mais tout peut évoluer.

J'ai réfléchi et j'ai fait mes choix. J'aurais pu faire confiance à Deschamps, car j'avais envie de travailler avec lui, mais j'avais quitté Marseille quelques mois plus tôt parce que je ne jouais pas. Je n'allais pas y retourner, pour, à nouveau, ne pas jouer. J'ai donc mis les voiles en Grèce, et j'ai bien fait, car là-bas, j'étais en pleine bourre, vif, dur sur mes appuis, et à force d'empiler les buts, j'ai retrouvé la sélection. « Peu importe qu'il joue en Grèce, il est redevenu le Djibril d'avant. » Voilà ce qu'on disait de moi. Quand je suis retenu pour la Coupe du monde 2010, j'évolue au Panathinaïkos. Faire partie d'une des plus grandes équipes de foot de sélection ne nous oblige pas systématiquement à jouer dans l'un des plus grands clubs européens. Si le sélectionneur connaît son métier et ses joueurs, il ne s'arrête pas au CV. En l'occurrence, Raymond Domenech me connaissait par cœur. Il savait que dès que je commençais à enchaîner les buts, ma confiance devenait inébranlable, peu importe mon club et le championnat que je disputais.

Avant de signer en Grèce, j'avais échangé avec Raymond Domenech. Nous avons toujours eu une très bonne relation, qui prend sa source bien avant l'équipe de France. Albert Domenech, son frère, était mon premier entraîneur à Arles. J'ai donc connu Raymond dès l'enfance, et un drame familial impliquant son neveu nous a rapprochés. Ensuite, il m'a dirigé lors de la Coupe du monde des moins de vingt ans, puis lors de mes premiers matches en équipe de France Espoirs. C'est une relation spéciale, qui me permettait de saisir mon téléphone pour lui demander :

— Coach, j'ai une offre du Pana, en Grèce. Je préfère être bien dans ma tête, être titulaire, empiler des buts, prendre de la confiance. Qu'en pensez-vous ?

— J'ai une totale confiance en toi, Djib. Si tu marques des buts, je te prends.

Raymond Domenech a été très critiqué, et pas seulement à partir du scandale de Knysna. Certains journalistes prétendaient qu'il retenait les joueurs selon leur signe du zodiaque, parce qu'il affectionnait l'astrologie. Quelle bêtise ! Avec l'expérience de Raymond, comment voulez-vous qu'il fasse ainsi ses choix ? C'est le niveau des footballeurs et leur capacité à bien vivre en groupe qui le conduisaient à procéder à tel ou tel choix. C'était un sélectionneur normal, qui n'avait aucun comportement étrange. Il peut aimer l'astrologie ou le théâtre (une autre de ses passions), cela ne fait pas de lui un fou ou un sélectionneur incompétent. Personnellement, je l'adore. Pourtant, je n'ai jamais bénéficié d'un traitement de faveur. En 2008, il m'a mis dans l'hélicoptère et j'ai fait partie des bannis qui n'ont pas disputé l'Euro, avec Mickael Landreau, Julien Escudé, Philippe Mexès, Hatem Ben Arfa, Alou Diarra et Mathieu Flamini.

Je ne lui en veux pas, car il a assumé son choix. Quoi qu'il en soit, que pouvais-je dire ? Quelques jours auparavant, en match amical à Grenoble contre l'Équateur, je sors à la mi-temps en ayant bien joué mais sans avoir marqué, alors que le score est de 0-0. Bafétimbi Gomis me remplace, et, pour sa première sélection, inscrit deux buts exceptionnels : une frappe en pleine lucarne, et un ciseau de l'espace (2-0). Dans ces conditions, quel sélectionneur m'aurait choisi à sa place ? Raymond m'a toujours assuré que ce n'est pas ce qui avait entraîné sa décision, mais je ne l'ai jamais cru. Sur le banc de touche, en admirant les buts de l'attaquant stéphanois, j'ai baissé la tête, comprenant que j'étais fichu. Gomis avait frappé très fort. Grâce à son doublé, il était le choix médiatique et populaire. J'adorais Bafé et je ne lui en voulais pas. C'est la loi du foot et c'est logique. Mais pendant toute la seconde période, je repensais à la tête plongeante que j'avais expédiée sur le poteau. Si j'avais marqué, Raymond aurait eu la possibilité de me garder…

Peu de temps avant d'annoncer sa liste définitive, Raymond Domenech nous avait prévenus qu'il viendrait frapper à la porte des joueurs non retenus. Dans l'hôtel de Tignes qui nous servait de camp de préparation, nous étions plusieurs à retenir notre souffle, dans la crainte d'entendre le « toc-toc-toc » fatidique. Personnellement, je ne me faisais pas d'illusion, mais j'avais quand même l'espoir que mon expérience et mon passé au sein de l'équipe de France jouent en ma faveur. Je sais qu'il a beaucoup souffert de m'annoncer sa décision. Des sept joueurs écartés, je suis le dernier à qui il a rendu visite.

— Djibril, j'ai pris la décision de ne pas te retenir dans le groupe. C'est très difficile pour moi. J'ai réfléchi jusqu'à la dernière minute.

— Ok, coach, je m'en doutais depuis le doublé de Bafé.

— Ma décision ne repose pas sur les buts de Gomis, c'est tout un ensemble de choses.

— Ok. Mes affaires sont prêtes. Où est l'hélicoptère ?

Deux ans plus tôt, j'avais manqué la Coupe du monde à cause d'une terrible blessure. Là, je ratais l'Euro pour pas grand-chose… Je voulais quitter le stage le plus rapidement possible, pour ne pas voir les sourires de mes coéquipiers. L'équipe de France était une telle bouffée d'oxygène dans ma carrière que j'avais besoin de tourner la page « Euro 2008 » le plus rapidement possible. J'étais blessé, déçu, mais sans aucune rancœur. Je suis allé faire un « check » à Titi Henry, Samir Nasri et quelques autres copains, mais c'était trop frais pour les embrassades et les discours.

Pour revenir à Raymond Domenech, on lui a aussi reproché d'avoir perdu le contrôle de l'équipe de France, lors de la Coupe du monde 2006 (défaite en finale, aux tirs au but, contre l'Italie). On prétendait que les cadres (Zidane, Barthez, Thuram, Vieira, Makélélé) prenaient les décisions à sa place. Moi, blessé avant le début de la compétition, je n'y étais plus, donc je n'ai aucune vérité à livrer. Mon avis, c'est qu'en tant qu'entraîneur intelligent, il a ouvert la porte à la discussion avec des joueurs à l'expérience inégalable. On ne parle pas de joueurs débutants, mais de champions du monde ou d'Europe qui étaient tous de futurs tacticiens en puissance. Raymond n'est pas le genre de coach à se laisser marcher dessus. Peut-être a-t-il simplement voulu laisser des responsabilités aux cadres. Quoi qu'il en soit, son management a été une réussite, car à un tir au but près, il serait devenu le second sélectionneur français champion du monde.

Les jeunes joueurs doivent avoir conscience du fait que les compétitions majeures sont rares, au plus haut niveau. Après la Coupe du monde en Asie, j'ai dû attendre huit ans avant d'en disputer une autre. En 2004, j'ai manqué l'Euro à cause d'un carton rouge qui m'a valu une suspension, et en 2008, je vous l'ai déjà raconté.

En 2010, j'ai donc participé à ma deuxième Coupe du monde, en Afrique du Sud. Je ne vais pas vous refaire tout le scénario car même les Français qui n'aiment pas le foot connaissent l'histoire : après les deux premiers matches de poule, Nicolas Anelka a été exclu du groupe et nous avons décidé de « faire grève », en ne sortant pas du bus au moment de l'entraînement. Le scandale est devenu national.

Entre joueurs, on reparle rarement de ce triste épisode. Des 23 joueurs présents dans le bus, nous n'avons pas tous la même interprétation. Certains ont besoin d'oublier et ne veulent plus en entendre parler. Personnellement, j'assume ce que j'ai fait. Je n'ai pas envie d'accabler les uns ou les autres, et je ne citerai aucun nom, mais certains se sont mal comportés, y compris du côté de la Fédération.

Je vais tenter de vous expliquer notre point de vue. En tant que joueurs, réunis depuis plusieurs semaines pour ce Mondial, nous étions comme une famille. D'un seul coup, on nous annonce qu'un des nôtres est exclu, pour des raisons obscures. De plus, il nous reste un match, décisif contre l'Afrique du Sud, qui peut tout changer pour la suite, et Nicolas Anelka est un attaquant efficace qui peut marquer à tout moment. Avec son orgueil et son talent, il était capable d'inscrire un triplé et de nous qualifier en huitièmes. On avait juste envie d'expliquer à la Fédération qu'il lui fallait attendre l'issue du Mondial pour régler les différends. Plusieurs options sont mises sur la table, dont celle de ne pas descendre du bus. On voulait juste défendre notre copain.

La veille, le journal *L'Équipe* avait affiché à sa une l'insulte qu'aurait soi-disant proférée Nicolas Anelka contre Raymond Domenech, à la mi-temps de France-Mexique : *« Va te faire enc..., sale fils de p... »*. Là encore, je ne peux pas énoncer de vérité, car je n'étais pas dans le vestiaire à la pause. Je m'échauffais sur le terrain avec Dédé Gignac. C'est à la fin du match que j'ai appris l'altercation entre Nico et Raymond. Après la parution du journal, nos téléphones ont tous commencé à chauffer. Mes partenaires m'ont assuré qu'ils n'avaient pas entendu cette phrase dans la bouche d'Anelka. Ce dernier nous l'a également certifié, et il n'est pas du genre à mentir, ni à se défiler, ni à se cacher. Il l'a prouvé tout au long de sa carrière. Nico a du caractère, certes, mais ce n'est pas un menteur. Moi, je n'étais pas là, mais j'ai envie de le croire.

Juste avant son départ, Nico Anelka est venu nous saluer. Je n'appréciais vraiment pas le procédé de la Fédération, parce que je pensais uniquement au résultat. Pour se qualifier, on devait battre l'Afrique du Sud avec deux buts d'écart. Dans ces conditions, pourquoi se séparer de notre avant-centre ? Pourtant, son exclusion me permettait de récupérer une place de titulaire. J'ai été aligné au coup d'envoi, à sa place. Mais je pensais à l'équipe, pas à mes statistiques. Pour moi, c'était un cadeau empoisonné, car je n'avais pas joué la moindre minute de toute la compétition. Les conditions n'étaient pas bonnes. Le défi ne me faisait pas peur, mais était-ce la meilleure solution pour l'équipe de France ?

L'origine du problème entre Domenech et Anelka, c'était le positionnement de l'avant-centre de Chelsea. Raymond souhaitait qu'il reste dans la surface, mais Nico décrochait énormément, car il aimait toucher le ballon dans la construction des actions. Entre eux deux, le débat faisait rage et ils ne parvenaient pas à se mettre d'accord.

Dans le bus, plusieurs joueurs ont pris la parole, mais pas moi.

Le retour en France a été difficile pour beaucoup de mes coéquipiers. Heureusement, j'évoluais en Grèce donc je suis rapidement rentré au pays pour mettre cette histoire derrière moi… mais le scandale de Knysna m'a poursuivi jusqu'à Athènes. À la moindre interview, les journalistes grecs m'interrogeaient au sujet de la « grève ».

Après la Coupe du monde 2010 et le scandale de Knysna, Laurent Blanc a remplacé Raymond Domenech.

Je n'ai jamais eu de véritable conversation avec l'ancien défenseur de Manchester United, même s'il m'a convoqué à deux reprises, quand je jouais à la Lazio. J'avais été très surpris en découvrant mon nom dans sa liste. Le 7 octobre 2011, j'ai donc disputé mon dernier match sous le maillot bleu, face à l'Albanie. C'était un match très spécial, car j'affrontais Lorik Cana, un frère. J'ai remplacé Bafétimbi Gomis à la 80e minute, après une longue ovation du Stade de France pendant mon échauffement. Le public scandait mon nom (« Cissé ! Cissé ! ») et me donnait la chair de poule. C'était peut-être mon ultime sélection, mais c'était aussi la plus belle. Ces applaudissements récompensaient tout mon travail fourni pour retrouver les Bleus, et prouvaient que le public ne m'en voulait pas après le Mondial raté en Afrique du Sud. Les Français ne sont pas idiots : ils m'ont toujours entendu clamer mon amour pour l'équipe de France, et la plupart des gens reconnaissent que tout le monde a droit à l'erreur. Après ce match contre l'Albanie, malgré mes efforts, ni Laurent Blanc ni Didier Deschamps ne m'ont rappelé en bleu. J'aurais aimé continuer, mais, au moins, cette ovation au Stade de France m'aura offert une belle sortie. Après le match, j'avais un peu discuté avec Laurent Blanc, notamment de l'Italie, un pays qu'il connaissait bien, mais rien de plus.

Pour terminer ce chapitre,
voici mes conseils à un jeune footballeur :

Pour moi, qui suis Français avec des origines ivoiriennes, jouer en bleu signifie appartenir à une communauté, un pays et porter ses valeurs. *La Marseillaise* te le rappelle à chaque début de match. Il n'y a jamais rien eu de plus fort. Penses-y et fais au mieux pour respecter ces valeurs. Surtout, fais de l'équipe nationale une priorité. À quoi bon gagner un peu plus d'argent dans un nouveau club si tu rates la Coupe du monde ?

CHAPITRE 16

L'OBSESSION DES STATISTIQUES

Dans le football, les chiffres n'ont pas la même importance que dans le basket-ball.

Il existe deux exceptions, pour deux postes : les gardiens de but, qui sont en perpétuelle quête de la *clean sheet*, c'est-à-dire un match sans encaisser le moindre but ; et les avant-centres.

Pour un buteur comme moi, c'est une obsession. Non seulement à chaque match, mais aussi à chaque entraînement, chaque séance spécifique, chaque opposition, je compte mes buts. De plus en plus, les ailiers pensent de la même façon, en dénombrant leurs passes décisives. Dans le football contemporain, on doit être décisif pour exister.

Pour un numéro 9, seul compte le but. Même si mon équipe gagne, je ne dirai jamais que j'ai réussi mon match si je n'ai pas trouvé le chemin des filets.

Au début d'une saison, je me fixais toujours un objectif personnel, en nombre de buts, que je conservais secret jusqu'à la fin du mois de mai. Une fois le dernier match terminé, j'en parlais publiquement pour faire le bilan.

Compter ses buts, ce n'est pas seulement de l'ego. C'est surtout vouloir toujours faire mieux.

Dans le but de toujours m'améliorer, je n'ai jamais cessé d'analyser mes prestations. Je ne visionnais pas tout le match, seulement mes actions d'attaque, que l'on appelle aujourd'hui les *expected goals*. Je vais d'ailleurs en profiter pour vous donner mon sentiment sur cette nouvelle mode. À un moment donné, il va falloir arrêter d'inventer des inepties qui ne font pas avancer le football. Les *expected goals*, cela veut dire : « J'ai presque marqué. » Qu'est-ce que cela signifie ? « Il y a presque eu 1-0. » Oui, mais à la fin, il y a 0-0, non ? Cette statistique pollue le football pour rien. Soit on marque, soit on ne marque pas. La vérité d'un match restera le score et seulement le score. Avoir presque marqué, c'est bien, mais ça ne sert à rien. J'espère que les recruteurs et les dirigeants de clubs ne travaillent pas avec les *expected goals*, sinon le mercato ne rimera plus à rien. Je préfère recruter un attaquant qui marque moins de buts, mais qui les marque, plutôt qu'un avant-centre qui « presque marque » des tas de buts. Vous me suivez ? En tout cas, vous avez compris ma position. Les *expected goals*, ça n'a aucun sens.

Moi, je décortiquais aussi mes buts, et les comparais les uns aux autres. Cela me permettait de comprendre ce qui me réussissait le mieux. La marque de fabrique « Cissé », c'était : appel en profondeur – frappe, ou accélération – frappe. À l'inverse, j'ai souvent remarqué que je pouvais améliorer mon jeu de tête ou mes tirs du pied gauche, perfectibles. Une fois l'analyse réalisée, je travaillais ces aspects avec mon staff technique. C'est grâce à tout ce travail à côté du terrain qu'on marque plus de buts lors des saisons suivantes.

Les récompenses individuelles, comme le Ballon d'Or, sont souvent critiquées, mais cela a toujours existé. Ce n'est pas propre au football. Au rugby, ou dans n'importe quel sport collectif, le meilleur joueur de l'année est récompensé à titre personnel. C'est pareil dans la vie quotidienne. Aux États-Unis, chaque entreprise élit l'employé du mois. Cela n'empêche par les centaines d'autres salariés d'être indispensables à la bonne marche de la compagnie.

Forcément, les récompenses individuelles conditionnent les buteurs. Quand on sait qu'il y a un trophée au bout, ça nous obsède. On veut à tout prix être le numéro un, car seule la « gagne » a de l'importance. Je peux l'avouer ici : il a dû m'arriver, à quelques reprises, d'oublier mes partenaires sur le terrain car j'étais en quête d'un titre de meilleur buteur, en fin de saison.

J'ai été élu meilleur buteur de Ligue 1 à deux reprises, en 2002 (22 buts) et 2004 (26 buts).

Lors de la saison 2001-2002, la lutte entre Pedro Pauleta et moi a duré de la première à la dernière journée. Le Portugais était un redoutable buteur d'expérience. À quelques journées de la fin, j'ai parfois été égoïste sur le terrain, forçant un tir au lieu de passer la balle à un partenaire démarqué, sachant que je ne pouvais pas me permettre de laisser le buteur des Girondins me distancer au classement. Je conserve d'excellents souvenirs de ma lutte à distance avec Pauleta. Dès que je rentrais au vestiaire, je me renseignais sur le résultat de Bordeaux, afin de savoir si l'aigle des Açores avait marqué. Dès le début de la saison, j'avais pris un avantage psychologique en inscrivant un quadruplé à Rennes, puis un but face au PSG et un à Lorient. En trois journées, j'avais marqué six buts ! Malheureusement, je me suis rapidement blessé, et cela a permis à Pedro de me rattraper.

Avant la dernière journée, le 4 mai 2002, Pauleta (21 buts) me devance d'une unité (20). Contre Rennes, on perd 3-2 mais j'inscris les deux buts de l'AJA, ce qui me permet de dépasser Pauleta et de devenir seul meilleur buteur du championnat. Au coup de sifflet final, on me signale que Pauleta n'a pas marqué. Le temps de réaliser que je suis meilleur buteur, l'aigle des Açores inscrit un but à la 90e minute à la Beaujoire ! 22 buts chacun…

Efficacité : c'est le mot ultime que j'emploierais pour décrire le jeu de Pauleta. Il pouvait m'arriver d'avoir trois ou quatre occasions dans un match, et ne pas marquer. Lui, jamais ! S'il restait muet, c'est parce qu'il ne jouait pas, ou que son équipe ne lui transmettait pas de bons ballons. Pauleta était un buteur d'instinct, propre et élégant.

C'était un vrai combat de boxe, durant lequel les doublés ou les triplés équivalaient aux enchaînements direct-crochet-direct des boxeurs. Cela nous a tenus en haleine. Pour *So Foot*, il y a un an ou deux, on s'est réunis dans une salle de cinéma, pour commenter chacun les buts de l'autre. C'était très agréable de se retrouver ainsi. On a le même état d'esprit et une vision identique du football et du poste d'attaquant. En fait, pour être un buteur, il faut des qualités qui sont d'horribles défauts dans la vie : un avant-centre doit être égoïste, buté et individualiste.

Cela n'empêche pas le respect, notamment pour mes « confrères » buteurs. Comme je l'ai fait toute ma vie, je sais à quel point il est difficile d'inscrire un but. Cela peut paraître facile quand on voit un attaquant recevoir le ballon, contrôler et marquer, mais en réalité, cela nécessite de longues heures d'entraînement, en tête-à-tête face au gardien. C'est aussi un métier très frustrant. Quand on loupe une occasion « toute faite », on sait qu'il n'y en aura peut-être pas d'autre comme ça avant le prochain match.

Il existe une grande famille des buteurs comme il existe celle des gardiens. Malgré la concurrence et la rivalité, il y a du respect plus que de la jalousie. On essaie juste d'en marquer un de plus que l'autre, c'est tout !

De plus, selon les systèmes de jeu, on doit souvent évoluer en attaque avec un second buteur, de la même race que soi. La cohabitation doit bien se passer pour que le front de l'attaque soit efficace. À Melwood, le centre d'entraînement de Liverpool, Milan Baros et moi étions en concurrence, mais le jour du match, on évoluait côte à côte. Plus tard, Fernando Morientes et Robbie Fowler nous ont rejoints.

À Auxerre, je jouais seul en pointe. Dans le système tactique de Guy Roux, il n'y avait pas de place pour deux.

À la Lazio, nous jouions en 4-4-2, dans un système à deux pointes. J'accompagnais Miroslav Klose, un autre buteur pur. Dans ces situations, l'entraîneur doit réfléchir au profil de ses attaquants. Il ne faut pas aligner deux avant-centres qui s'engouffrent dans la profondeur, ni deux attaquants qui réclament le ballon dans les pieds. « Miro » était un finisseur, redoutable renard des surfaces. Je me chargeais d'attaquer dans les espaces. Ensemble, on était très complémentaires.

J'ai quitté la Lazio à contrecœur. Au cours d'un match, Edoardo Reja me décale sur le côté droit de son 4-4-2, pour dépanner, en fin de match. Rendre service à un poste qui n'est pas le mien ne m'a jamais dérangé. « Malheureusement » (vous allez comprendre le sens des guillemets), j'ai été très bon durant cette demi-heure à droite. De plus, le joueur que j'avais remplacé était blessé pour une longue durée. Le coach italien a donc décidé de me transformer en ailier droit. Match après match, sur mon aile, j'empile les passes décisives comme les buts auparavant. Évidemment, je ne marque plus, et mon compteur de buts reste bloqué à un ou deux.

Où est le problème ?

Le problème, c'est l'équipe de France.

Comme je suis devenu un ailier droit dans mon club, le sélectionneur glisse mon nom dans la catégorie « joueurs de couloir ». Et il ne me convoque plus en sélection, car à ce poste, la concurrence était très rude : Franck Ribéry, Florent Malouda, Sidney Govou… de vrais spécialistes. Embêté par cette situation, j'ai partagé une conversation très franche avec le sélectionneur Laurent Blanc.

— Djibril, je vois tes matches, tes passes décisives, je sais que tu es en forme. Mais si tu ne joues plus avant-centre en championnat, je ne peux pas te faire jouer à ce poste en bleu.

Je ne pouvais pas lui donner tort, même si au fond de moi, je savais que ma mentalité de buteur et de « tueur » devant la cage ne faiblirait jamais, même si on m'imposait le poste de milieu relayeur.

J'ai donc fait le compte-rendu de cette conversation à Edoardo Reja, mais le coach de la Lazio n'a pas transigé :

— Je suis content de toi à droite, donc tu joues à droite. Tu n'as aucune raison de te plaindre car tu as beaucoup de temps de jeu : tu es titulaire à tous les matches.

Alors que j'étais sur le podium des passeurs de Série A, j'ai demandé à être transféré. Le dernier jour du mercato hivernal, le 31 janvier 2012, j'ai effectué mon retour en Angleterre, à QPR, dans l'espoir de retrouver l'équipe de France.

La Lazio Rome ne voulait pas me laisser partir. Le président Claudio Lotito a tout tenté jusqu'à la fin du mercato, mais loin de mon poste d'avant-centre, je n'étais pas moi-même. Déjà, j'avais accepté de ne pas être l'attaquant-star, ce qui était normal, étant donné le pedigree de « Miro » Klose : finaliste de la Coupe du monde avec l'Allemagne (il la gagnerait trois ans plus tard, au Brésil), recordman de buts en sélection… Il avait un statut un peu plus important que le mien, ce que j'acceptais. À condition, toutefois, de jouer à mon poste. Comme je suis un attaquant d'espace, j'ai l'habitude de m'excentrer sur le côté, mais de là à croquer la ligne et devenir ailier à temps plein… Quand on joue milieu droit, il faut défendre sur l'arrière gauche adverse dès qu'il monte, ce qui n'était pas mon métier.

Honnêtement, j'étais déçu de partir car j'étais très heureux à Rome. Malgré ce qu'on disait, ce qu'on a dit, et ce qu'on dira toujours de ce club, je n'ai pas souffert de racisme à la Lazio. À aucun moment. Encore aujourd'hui, je reçois des messages de fans italiens. En fait, l'histoire d'amour entre les Laziale et moi a débuté avant même que je ne porte ce maillot, ou même que je n'imagine représenter un jour les couleurs *biancocelesti*. Lors de la saison 2009-2010, avec le Panathinaïkos, j'ai inscrit trois buts en seizièmes de finale de Ligue Europa contre… l'AS Rome. Un but de la tête à l'aller, à la dernière minute, et deux au retour au stade olympique. C'est l'un des meilleurs matches de ma carrière. Hormis les « années Auxerre », j'ai rarement autant survolé un match. Je ne vous fais pas un dessin : la Roma et la Lazio sont deux ennemis jurés, j'étais donc considéré comme un héros dans le camp laziale. Je me souviens très bien de ces trois buts : le premier, de la tête, n'était pas facile à mettre, car le centre n'était pas millimétré ; le deuxième, c'est un pénalty ; le troisième est le plus beau, je reçois un ballon en profondeur, je m'excentre un peu trop loin en dribblant le gardien, je marque en une touche, et Philippe Mexès, mon frère de cœur, est à un crampon près de stopper la balle sur sa ligne. Et la Roma est éliminée.

Peu de temps après, mon agent me téléphone :

— Ta prestation a été remarquée à Rome. La Lazio veut te recruter. Ils vont nous faire une offre.

— Même pas en rêve ! Le Pana, c'est la maison, je ne pars pas.

Je n'avais aucune envie de quitter la Grèce, car je m'y sentais bien. Mais la crise affectant le pays a contraint le club d'Athènes à vendre des joueurs pour obtenir des liquidités. Comme je représentais une valeur marchande importante, j'ai été transféré, et j'ai choisi la Lazio.

En fait, les associations de supporters laziale s'étaient réunies et avaient réclamé ma signature auprès de la direction :

— Cissé, le joueur français, il a éclaté la Roma à lui tout seul ! Débrouillez-vous mais on le veut chez nous !

Quand je suis arrivé à l'aéroport de Fiumicino, 4 000 *tifosi* m'attendaient. À la clinique, pour ma visite médicale, idem. Dès le premier match, une chanson écrite en mon honneur résonnait dans le stade olympique. D'ailleurs, je crois qu'elle parlait de la femme de Francesco Totti… Je n'ai jamais été maltraité, bien au contraire. J'ai marqué des buts dès les premiers matches, et vous connaissez la suite de l'histoire.

Je reviens un instant sur mon duel avec Mexès. Pendant 180 minutes, on ne s'est pas lâchés, car il assurait mon marquage. Dans le football, souvent, on affronte ses amis. La première fois que ça m'est arrivé, en professionnel, c'était contre l'AS Monaco de Gaël Givet. On a grandi ensemble, quand on jouait à Arles, à sept, huit ans. Je passais plus de temps avec sa famille que dans ma propre maison. Au cours de ce match, Fadiga m'expédie un centre, et je décoche une reprise de volée incroyable, alors que Gaël me prend au marquage. Ce sont des moments forts. Plus tard, j'ai rejoué contre Gaël Givet, lors de mon premier match de Ligue des champions avec Liverpool, contre Monaco, finaliste de l'édition précédente. Une semaine auparavant, nous étions en sélection, et on se chambrait. Avec « Toto » Squillaci, l'autre défenseur central des Bleus et de l'ASM, ils m'avaient prévenu :

— À nous deux, on va s'occuper de toi. On va te découper en deux et tu ne passeras jamais !

On s'amusait bien…

Et ce soir-là, j'ai marqué ! Mon premier but en Ligue des champions, après une super combinaison avec Luis Garcia et Steven Gerrard. Stevie m'avait donné le ballon dans l'espace, et bam, j'avais expédié une grosse bombe qui avait trompé Flavio Roma.

Quand on joue contre un ami, on oublie les liens le temps du match. Sur un temps mort, on peut échanger un sourire ou un clin d'œil. Mais si je dois faire sauter un copain en l'air pour marquer un but, je le ferai.

Sans la crise économique, je n'aurais probablement jamais quitté la Grèce, ni le Panathinaïkos. Il n'est pas impossible que j'y retourne un jour, pour travailler dans le staff du Pana. Mon lien avec le club, les supporters et la ville est très fort. C'est indescriptible. Au sein du Pana, tout le monde m'a traité comme si j'avais toujours fait partie de la famille. Même si j'avais soulevé une Ligue des champions, je n'y suis pas arrivé comme une diva au-dessus des lois. Mon premier mois de compétition a été compliqué car je venais de perdre mon père. Ensuite, quand la machine s'est lancée, elle ne s'est plus arrêtée. Dans les surfaces de réparation, c'était un vrai massacre ! Récemment, j'ai été célébré sur la pelouse à la mi-temps d'un match, et j'ai constaté à quel point l'histoire d'amour était toujours ardente. Quand je parle du Pana, je dis « nous ». C'est l'un des deux plus grands clubs de l'histoire du football grec, avec l'Olympiakos. Les jeunes ne le savent peut-être pas, mais le Panathinaïkos a disputé une finale de Ligue des champions, à Wembley, en 1971, face à l'Ajax Amsterdam de Johan Cruyff. Ferenc Puskas était l'entraîneur du Pana.

L'histoire d'un club, c'est important pour un joueur. Quand une recrue signe dans une nouvelle institution, elle doit se renseigner pour savoir où elle met les pieds. Par exemple, je me souviens très bien de mon arrivée à Bastia, en 2014. Avant mon premier entraînement, Fred Hantz m'a enseigné l'histoire du Sporting : l'épopée européenne, l'importance de Furiani, la date du 5 mai… J'avais trouvé cette conversation très intéressante. Cela montre aussi l'importance du discours de l'entraîneur et des dirigeants. En effet, comment une recrue pourrait-elle connaître l'importance du 5 mai à Bastia si personne ne lui en parle ? Quels sont les derbys ? Les adversaires importants ? L'histoire du club joue un très grand rôle dans la réussite d'un joueur.

Pour terminer ce chapitre,
voici mes conseils à un jeune footballeur :

Fixe-toi tes propres objectifs et fais un point honnête régulier sur leur atteinte. J'ai toujours étudié mes buts et mes matches pour trouver des solutions pour m'améliorer. Travaille aussi tes points faibles, c'est là où tu as le plus de marge de progression, comme je l'ai fait pour mon jeu de tête ou mon pied gauche.

CHAPITRE 17

UN ATTAQUANT DOIT-IL DÉFENDRE ?

Quand un buteur dépense trop d'énergie en défendant, il craint toujours que cette fatigue ne soit néfaste pour les futures occasions de but. Ce n'est pas forcément fondé, et de toute façon, dans le football contemporain, tous les joueurs sont contraints d'assurer les replis défensifs. Moi, je détestais défendre. Guy Roux en avait conscience, et avait imaginé un système qui me permettait de me concentrer sur mon métier : marquer des buts. Récemment, j'en discutais justement avec Christophe Pélissier, l'entraîneur de l'AJ Auxerre. À Auxerre, on avait une équipe de talentueux guerriers. Olivier Kapo défendait comme un chien et adressait de belles galettes face au but adverse. Idem pour Yann Lachuer, Bonaventure Kalou, Kanga Akalé, Lionel Mathis… Offensivement, tous ces joueurs étaient très fins, de vrais joueurs de football. Eux défendaient, et je m'occupais de marquer des buts. Dans toutes ses équipes, Lionel Messi n'a jamais défendu, ni beaucoup couru, mais il est décisif à chaque fois. Cela se voit moins qu'avant, mais cela reste possible. Lors des saisons précédentes au Paris Saint-Germain, on a parlé de l'impossibilité de faire jouer Messi, Mbappé et Neymar ensemble car ils ne défendaient pas. Je ne suis pas d'accord avec ça : Neymar, au meilleur de sa forme, est très agressif au pressing et généreux sur les efforts défensifs. Je dirais donc plutôt qu'ils étaient deux et demi à ne pas défendre ! Après, cela dépend de la qualité du milieu de terrain. Avec un excellent Verratti qui couvre beaucoup de terrain, on peut se permettre d'avoir ce trio offensif. L'autre nécessité, dans ce système, est que les joueurs débarrassés des tâches défensives soient systématiquement décisifs. C'est ce que fait Mbappé, qui marque un but à chaque attaque ! Ronaldo – le « vrai », c'est-à-dire le Brésilien – défendait aussi très peu, comme Raul, Trézéguet ou Pauleta. Cela dépend aussi de l'adversité. Face à une équipe supérieure, il faut adapter son comportement. Quand Auxerre jouait contre l'Olympique Lyonnais, on n'avait pas la possession du ballon, et j'étais contraint de défendre. Dans les années 2000, l'OL était le PSG de l'époque, très dominateur. C'était une équipe qui montait avec la balle et cassait les lignes. Si j'étais resté devant, j'aurais laissé mes partenaires en sous-nombre.

À Marseille, Eric Gerets me reprochait souvent mon manque d'efforts défensifs. Il répétait inlassablement que les attaquants étaient les premiers défenseurs. Il n'avait pas tort, mais cela ne correspondait pas à mes caractéristiques. Si je harcèle le porteur de balle en permanence, je manque de jus pour mes face-à-face avec le gardien. Moi, j'étais un joueur de contre-attaque, à l'aise dans la profondeur. Je n'ai jamais défendu comme Edinson Cavani. J'aurais aimé avoir ses capacités de coffre, pouvoir harceler autant l'adversaire tout en marquant énormément de buts.

Souvent, des situations ont fait que mes coéquipiers m'ont reproché de ne pas faire les efforts défensifs. Après avoir encaissé un but, par exemple. À Marseille, on avait opté pour se dire les choses franchement, en toutes circonstances, pour le bien de l'équipe. On était une équipe d'« hommes ».

— Djib', tu nous saoules, tu défends pas !

— Mamad', tu joues trop haut, redescend !

Marquer des buts n'est pas un totem d'immunité.

Mamad', c'est Mamadou Niang. Je le considère comme un frère. Dès mon arrivée à l'OM, on s'est très bien entendus. Pourtant, il aurait pu me voir comme un concurrent et se mettre en mode « bataille », mais pas du tout. Nous avons toujours été dans le même délire : des passionnés de football qui savent faire la part des choses. Si l'un est titulaire, et pas l'autre, on pense d'abord à l'équipe. Je le fréquente toujours, c'est comme si on ne s'était jamais quittés. On reparle de nos buts marqués, de nos occasions, des passes qu'on aurait dû s'adresser et des ballons qu'on a gardés pour soi... Ce sont toujours de bons moments.

Je vous parlais tout à l'heure de Kylian Mbappé. La star de l'équipe de France s'appuie sur les mêmes qualités de base que moi : la rapidité, l'explosivité, l'efficacité, le démarrage, la qualité de pied. On a ça en commun. Techniquement, il est supérieur à moi. Souvent, on se demande quel est le meilleur poste de Kylian. Je vous donne la réponse : n'importe quel poste en attaque. Mbappé est tellement à l'aise, techniquement, qu'il peut partir de la droite et rentrer dans la surface, partir de la gauche et enrouler, jouer dans l'axe, même au poste de neuf et demi. Partout en attaque, il sera le meilleur. Et c'est pareil pour Neymar. Ce genre de profil électron libre est assez rare. Cavani, lui, est meilleur dans l'axe. Erling Haaland, c'est la même chose, on ne peut pas l'aligner sur un côté. Le Norvégien est l'un des meilleurs finisseurs du monde. Dos au but, il fait énormément de bien à Manchester City. Il est encore meilleur que Robert Lewandowski. Souvent, j'ai entendu un débat au sujet d'Haaland, que je ne comprends pas. On lui reproche de ne pas savoir faire autre chose que jouer dans la surface. On veut toujours que les joueurs soient « complets ». Haaland est un finisseur hors pair. Il marque à tous les matches ! Pourquoi lui demanderait-on de centrer ou de faire des tacles ? Cela nuirait à son rendement hors du commun. Le joueur parfait n'existe pas. Moi, je suis pour les joueurs qui sont extraordinaires dans leurs propres qualités. Haaland est un buteur, point. Cela me convient, et je pense que cela convient aussi à Pep Guardiola, qui a enfin gagné la Ligue des champions avec Manchester City, grâce à Haaland. Depuis plusieurs saisons, City dominait l'Europe, sans réussir à marquer. Le « cyborg » norvégien était le maillon manquant. Le job de l'entraîneur, c'est d'aligner une équipe suffisamment équilibrée, avec un joueur pour marquer, un autre pour régaler, un autre pour la récupération, un autre pour défendre, etc. Chacun joue sa partition avec ses compétences.

Pour terminer ce chapitre,
voici mes conseils à un jeune footballeur :

Pour gagner ta place dans le collectif, tu dois le faire profiter de tes qualités et être efficace, sinon l'équipe va te demander de faire des choses qui ne correspondent pas à ton style et tu seras moins fort dans toutes les phases du jeu, y compris là où tu étais le meilleur. En deux mots : marque des buts et tout le monde te laissera tranquille !

CHAPITRE 18

« JE NE LIS PAS LA PRESSE »

Au cours de ma carrière, je n'ai jamais lu les journaux sportifs. Je n'ai jamais parcouru un compte-rendu de match, ou un article publié le matin de la rencontre. À mon époque, la presse en ligne n'existait pas. Autant vous dire que je ne me suis jamais levé le matin pour acheter *L'Équipe* ou *France Football* au bureau de tabac du coin.

Cependant, il se trouvait toujours un coéquipier, un fan ou un proche, pour me rapporter tout ce qui était dit sur moi, sans que j'aie rien demandé.

Aujourd'hui, avec les réseaux sociaux et les dizaines d'émissions de foot, c'est cent fois pire. Il est impossible de ne pas savoir ce que les journalistes et les consultants disent de soi.

À mon époque, les seules émissions de foot étaient le dimanche matin, sur TF1, avec Téléfoot, ou alors, il fallait être abonné à Canal+. Les talk-shows comme L'Équipe du soir ou L'After foot n'existaient pas. Forcément, j'avais moins de chance d'entendre ce que les médias disaient de moi.

Aujourd'hui, c'est partout. Un joueur du PSG ? Il allume la radio dans sa voiture, on parle de lui. Il rentre à la maison, allume la télévision, on parle de lui. Lassé, il sort son téléphone, les réseaux sont inondés d'articles, de tweets ou de vidéos qui spéculent, dissertent, analysent. Le football est partout. Kylian Mbappé ne peut pas être tranquille. Jamais. S'il veut se tenir loin de l'avis du monde extérieur, Kylian n'a qu'une solution : rester chez lui, enfermé, seul et déconnecté. Quelle vie !

Depuis l'avènement d'Internet, l'image des footballeurs est particulièrement importante. Un footballeur doit être gentil, *bankable* et populaire. Un mauvais buzz pénalisera le joueur, que ce soit pour un transfert ou la prolongation de son contrat. Avant, les footballeurs ne rencontraient pas ce genre d'ennui. Dans les années 1990, Eric Cantona a donné un coup de pied à un supporter adverse et ce geste a contribué à sa réputation. « C'est son caractère », disait-on en Angleterre. En 2023, si un joueur français frappe un supporter, sa carrière est terminée.

Après chaque match, le journal *L'Équipe* note les joueurs de chaque équipe, sur 10. C'est une tradition, attendue le dimanche matin par les lecteurs, les supporters…

et aussi les joueurs ! Entre nous, c'est souvent un motif de plaisanterie.

— Pourquoi tu te la racontes, toi ? T'as oublié ton 2 dans *L'Équipe* le mois dernier ?

Je n'ai jamais considéré les notes de *L'Équipe* comme un baromètre sérieux. Personnellement, je n'avais pas besoin de la presse pour évaluer mon match. En quittant le terrain, je savais si je méritais un 8 ou un 4. Il m'est arrivé d'être étonné, après l'une de mes prestations que j'estimais inaboutie, sans avoir marqué ni fait marquer, que le journaliste m'ait donné la note de 7/10. Je n'ai jamais compris pourquoi.

En vérité, j'accordais peu d'importance à tout cela. En revanche, je sais que certains joueurs étaient très préoccupés par leur notation. À leurs yeux, il était capital de ne jamais avoir de mauvaise note. Alors ils essayaient de tisser des liens avec les envoyés spéciaux qui couvraient souvent les matches.

Tout au long de sa carrière, le footballeur travaille avec des journalistes, car ceux-ci suivent nos moindres faits et gestes. Au fil du temps, des amitiés se créent. En ce qui me concerne, je me suis rapproché de deux journalistes de *L'Équipe*, qui sont devenus des proches : François Verdenet et Damien Degorre. J'avais confiance en eux. Si je souhaitais faire passer un message, je leur téléphonais. Quand j'entendais des rumeurs qui m'agaçaient, je les sollicitais pour donner une interview, et je rétablissais ma vérité. À quelques reprises, il m'est arrivé de leur transmettre des informations en « off », mais je ne les appelais jamais pour rien.

Comment sait-on si on peut faire confiance à un journaliste ? Dès la première interview. Si je trouve des différences entre ce que j'ai dit et ce qu'il a retranscrit, c'est terminé. Si le titre est orienté d'une mauvaise façon, je comprends aussi que le journaliste est de mauvaise foi. Avec des points de suspension, une virgule ou un point d'exclamation, on déforme facilement une phrase pour y glisser une autre interprétation. En revanche, si je me reconnais dans l'entretien publié dans le journal, je me sentirai toujours en sécurité avec le reporter en question.

Les gens doivent savoir qu'un footballeur ne maîtrise pas grand-chose quand il est interviewé. L'entretien se passe sous la forme d'une conversation, et ensuite, le journaliste écrit son article, seul, selon les notes qu'il a prises. La plupart du temps, on n'a pas de droit de regard avant parution.

Le moment qu'il est important de maîtriser, ce sont les interviews télévisées et surtout celles d'après match, il faut bien peser ses mots pour ne pas être mal interprété. Bien sûr, c'est plus facile à la mi-temps ou après une victoire. L'avantage, c'est que vous êtes en direct et que l'on retient l'intégralité de vos déclarations. Ce n'est pas comme en presse écrite où un morceau de phrase peut être sorti de son contexte par un journaliste à la recherche de buzz.

Quand j'ai signé à l'Olympique de Marseille, j'ai progressivement cessé d'accorder des interviews au journal *Le Parisien*, car j'étais critiqué de façon exagérée à chacun de mes passages en sélection. Était-ce parce que je représentais l'OM, rival du PSG ? Je ne sais pas.

Au pays des tabloïds, les journalistes anglais sont très forts pour inventer de fausses informations au sujet des footballeurs.

Quand je jouais aux Queens Park Rangers, j'avais fêté mon anniversaire dans un club de Londres. Au cours de la soirée, un paparazzi m'avait shooté avec un méga-zoom, de très près, m'envoyant son flash en pleine figure. Sur la photo, je n'étais pas à mon avantage, comme quelqu'un qui est ébloui. Le titre du journal ? « Djibril Cissé, star de QPR, surpris à la sortie d'un club après une nuit arrosée. » On peut faire dire ce qu'on veut à une photo. Je vous l'ai déjà dit : je ne bois pas d'alcool. Je n'en ai jamais bu une seule goutte. Il n'y a guère besoin d'enquêter longtemps sur ma vie pour en obtenir confirmation.

En Angleterre, il faut faire très attention à la presse, y compris dans la vie quotidienne. C'est épuisant. Si un footballeur boit un verre avec une simple amie, il peut être certain que tous les journaux vont titrer sur une prétendue relation sentimentale. Cela m'est arrivé à Miami, aux États-Unis. Je dînais avec un couple d'amis. Un paparazzi nous a shooté tous les trois, au moment où Gina[7] me faisait goûter son cocktail sans alcool. Les journaux ont ainsi raconté que je sortais avec cette fille, en omettant de préciser que l'autre homme présent sur la photo était le véritable petit ami. C'est ridicule, mais ça fait vendre…

En Grèce, c'était différent. Les journalistes locaux n'ont jamais interféré dans ma vie privée. Ce qui compte, pour eux, c'est le football, et seulement le football. Là-bas, c'est comme en Espagne avec le Real et le Barça, il y a la presse pro-Olympiakos et la presse pro-Panathinaïkos. Il y a donc un journal qui m'encense et l'autre qui attend la moindre faute de ma part.

Pour terminer ce chapitre,
voici mes conseils à un jeune footballeur :

Soigne ton image pour être libéré sur le terrain et pouvoir tout donner sans avoir autre chose à penser que le match. Sois attentif à tes premières interviews afin de savoir à quel(s) journaliste(s) tu peux faire confiance à l'avenir.

7. Prénom modifié.

CHAPITRE 19

CONSULTANT TV : UNE PASSION OU UNE OBLIGATION ?

De plus en plus de footballeurs quittent directement le terrain pour rejoindre les plateaux télévisés ou les studios de radio. Un consultant est un ancien joueur recruté par les médias pour analyser les matches dans les émissions, ou pour accompagner le journaliste au commentaire d'un match. Je trouve ça très positif. Pour l'intérêt des programmes, il est bon d'avoir un savant mélange de journalistes spécialisés dans le foot, et d'anciens joueurs. Ces derniers ont un point de vue différent car ils ont joué à très haut niveau, ils ont vécu dans un vestiaire. Pour parler du métier de footballeur, il n'y a rien de mieux qu'un ancien footballeur. Avec tout ce que j'ai vécu, je suis capable de décrire les émotions ressenties par un joueur à un moment précis.

Dans un débat foot, j'aime donner mon avis, me confronter avec les autres. Là où je suis le plus pertinent, c'est quand il s'agit d'analyser les prestations des attaquants. Je suis dans mon élément.

Après plusieurs années à L'Équipe du soir, je suis désormais chroniqueur dans L'Équipe de Greg. Cela me correspond mieux. L'Équipe du soir, c'est une super émission de foot qui s'adresse aux connaisseurs. J'ai beaucoup appris auprès d'Olivier Ménard, Didier Roustan et Dave Appadoo. Ce sont des journalistes qui savent de quoi ils parlent quand il est question de football.

Dans L'Équipe de Greg, on traite les mêmes sujets mais avec plus de légèreté, des rires et des jeux. C'est une émission que l'on regarde en famille. Mon tempérament me permet d'être détendu sur le plateau de Greg Ascher. J'aime délivrer des analyses efficaces tout en plaisantant. À *L'Équipe*, tous les consultants sont très bons : Johan Micoud, Ludovic Obraniak, Pierre Bouby, Vikash Dhorasoo… À la télévision, ce dernier est égal à lui-même et c'est ce que j'apprécie chez une personnalité. Ne pas voir de différence entre l'homme que j'ai côtoyé dans le vestiaire de l'équipe de France et celui que vous regardez dans vos émissions favorites. C'est une vraie qualité. Vikash a toujours son francparler. Il ne se renie pas. En travaillant sur les plateaux TV, j'ai aussi découvert des femmes journalistes très pointues sur le football, à l'image de Carine Galli, Syanie Dalmat et

Emilie Ros. Ceux qui prétendent que les filles sont là pour faire le nombre connaissent probablement moins bien le football qu'elles. Quand je regarde Canal+, j'apprécie aussi le travail de Laure Boulleau.

Je ne suis pas le genre de consultant qui téléphone sans cesse aux joueurs pour obtenir des informations exclusives. Cela ne m'empêche pas d'entretenir d'excellentes relations avec certains footballeurs de Ligue 1, comme Neymar ou Dimitri Payet, mais quand je leur parle, ce qu'ils me disent ne sort jamais dans la presse. En tant que joueur, je détestais ça, donc je ne risque pas de le reproduire. Souvent, on discutait entre coéquipiers, et il y en avait toujours un pour tout balancer à un journaliste en qui il avait soi-disant confiance. Le lendemain, je lisais la moitié de notre conversation dans le journal ! À mes yeux, la confiance est primordiale. Je ne trahirai jamais un ami dans le simple but de briller sur un plateau avec une information croustillante.

Sur France Télévisions, je commente les matches de Coupe de France.

Chaque consultant a sa manière de travailler. Certains égratignent beaucoup les joueurs, d'autres non. Avec mon tempérament, j'aime analyser factuellement une situation sans être méchant, ni cassant. Je n'ai jamais rabaissé un joueur. Il faut que vous compreniez quelque chose : le footballeur qui a raté son match en a conscience. Ce n'est donc pas la nouvelle du siècle de dire qu'il n'a pas été bon.

En revanche, vous ne m'entendrez jamais dire qu'un joueur a été nul. Je préfère expliquer qu'il est passé à côté de son match, et en chercher les raisons. « Mauvais » ou « nul » ne sont pas des adjectifs adaptés pour un sportif de haut niveau. Les athlètes travaillent toute la semaine pour réussir leur match et ne sont pas infaillibles. Le football n'est pas un sport individuel : il faut prendre en compte la présence de l'adversaire. Au foot, on ne joue jamais dans le confort.

Si vous m'entendez dire à la télé à propos d'un joueur : « Techniquement, il n'était pas au rendez-vous », vous aurez compris qu'il a manqué toutes ses passes pendant quatre-vingt-dix minutes, mais je n'ai pas besoin de le dire en l'enfonçant.

J'aime mettre les formes dans mes analyses, précisément parce que je suis un ancien joueur, et parce que j'ai été blessé par des commentaires de certains consultants.

Quand j'étais un jeune joueur, Jean-Michel Larqué a été très dur avec moi. Je ne le prends pas en traître en vous le révélant ici, car je n'ai pas manqué de lui demander des explications, il y a déjà plusieurs années.

Je n'ai jamais compris pourquoi il m'en voulait. Mon style de jeu ou ma personnalité peuvent ne pas plaire à tout le monde, mais je n'accepte pas les critiques gratuites. Cela m'agaçait quand j'étais sur le terrain, et ça me dérange toujours aujourd'hui. Les journalistes férus de technique n'étaient pas mes plus grands fans, ça ne me pose aucun problème. Était-ce pour autant nécessaire de comptabiliser le nombre de contrôles que je ratais, sans parler de tous les buts que j'empilais ? De même, Jean-Michel Larqué avait-il besoin de préciser « oui, mais il a marqué du tibia » en analysant de façon très hautaine mon but en finale de Coupe de France ? C'était en direct sur TF1. Je venais de marquer le but qui permettait à Auxerre d'égaliser face au PSG de Ronaldinho, et lui se permettait de critiquer mon geste.

Surtout, Jean-Michel Larqué m'a fait beaucoup de mal en 2002. J'étais dans le bus de l'équipe de France avec tous mes coéquipiers, sur la route de la Coupe du monde. Je vous rappelle que j'étais le benjamin de l'équipe, au milieu des Zidane, Barthez et Desailly. Le chauffeur avait branché la radio sur RMC, en pleine émission de foot avec Jean-Michel Larqué, déjà l'une des grandes voix de la station à cette époque. Soudain, l'ancien joueur de Saint-Étienne s'exprime à mon sujet :

— Dans cette équipe de France, je ne comprends pas la présence de certains joueurs. Djibril Cissé, même dans un tournoi de sixte, je ne le prends pas dans mon équipe !

En entendant cette phrase, je baisse la tête. Cette attaque me touche en plein cœur, car je sais que les champions du monde qui m'entourent l'ont entendue, même s'ils ont l'élégance de ne pas m'en parler. J'en discute seulement avec Olivier Dacourt et Sylvain Wiltord, dont je suis très proche.

Cette attaque de Monsieur Larqué était délibérément gratuite. Dans ce cas-là, s'il ne comprend pas ma sélection, pourquoi ne dit-il pas que le sélectionneur est un imbécile ? Et les dizaines de buts que j'avais marqués en Ligue 1 pour en arriver là, il les a oubliés ? Sait-il seulement que je suis le meilleur buteur du championnat de France ?

Pendant un certain temps, j'ai également eu des différends avec Pierre Menès, mais nous avons eu l'occasion d'en discuter et tout est rentré dans l'ordre.

Pour terminer ce chapitre,
voici mes conseils à un jeune footballeur :

À haut niveau, des différends avec les médias sont inévitables. Laisse filer, ils le font pour exister et sans toi ils n'existent pas, et quand l'opportunité se présente, parles-en directement et distinctement avec les personnes concernées.

CHAPITRE 20

LES BLESSURES

Chaque footballeur gère les blessures à sa manière.

Les grosses blessures sont les plus compliquées à gérer mentalement, car pendant de longs mois, on passe son temps à regarder ses copains faire ce qu'on aime le plus au monde : jouer au football.

Le tempérament joue beaucoup : quand on est à l'infirmerie, il ne faut pas s'apitoyer sur son sort, sinon on y reste plus longtemps que les autres. Il ne faut pas trop réfléchir, ne pas se demander « et si j'avais été là pour cette compétition, est-ce qu'on l'aurait gagnée ? Est-ce que j'aurais marqué ? ». Non, tout ce qu'il faut faire, c'est récupérer, se réathlétiser et préparer son retour. L'objectif est de retrouver les terrains le plus rapidement possible, sans faire n'importe quoi. Travailler, suivre le protocole médical et revenir encore plus costaud, pour ne pas se blesser à nouveau.

Quand un footballeur est blessé, il est très seul. Après une opération, on ne peut pas aller aux soins ni débuter la rééducation. Le premier mois se joue dans la tête, car notre seule arme est la patience. Mentalement, il faut être armé.

Au cours de ma carrière, j'ai connu deux terribles blessures : double fracture tibia-péroné à la jambe gauche en 2004, avec Liverpool, et double fracture tibia-péroné, cette fois-ci à la jambe droite, en 2006, quelques jours avant le début de la Coupe du monde. Ce jour-là, on disputait un match de préparation contre la Chine.

Au stade Geoffroy-Guichard de Saint-Étienne, en sentant la douleur et en m'écroulant sur la pelouse, j'ai compris ce qu'il m'arrivait. Avant même de monter sur la civière, j'avais réalisé que je ne disputerais pas la Coupe du monde. Je savais que ma jambe était cassée. Finalement, cette seconde blessure a été plus facile à gérer que la première, car je connaissais le protocole. La deuxième fois, c'est moins stressant et moins flippant. Dès l'instant où j'ai quitté le terrain, je suis passé en mode guerrier, avec la ferme intention de revenir le plus rapidement possible.

Le Mondial 2006 s'est donc déroulé sans moi. J'ai peut-être suivi les premiers matches à la télévision, mais je ne m'en rappelle pas. Ensuite, j'ai rejoint mes coéquipiers pour assister au huitième de finale entre la France et l'Espagne (3-1), à Hanovre. J'étais également présent à l'Olympiastadion de Berlin pour la finale contre l'Italie (1-1, défaite 5-3 aux tirs au but). J'étais heureux d'y être, dans la peau d'un supporter français, car j'avais déjà fait le deuil de ma Coupe du monde.

Quand on se blesse, le soutien des coéquipiers est très important. Au début du match suivant, toute l'équipe entre sur le terrain avec un maillot floqué « Cissé ». Moi, quand l'un de mes partenaires était blessé, je lui dédiais mon but avec une inscription sur mon t-shirt préparée à l'avance. À Auxerre, je l'avais fait pour Olivier Kapo et Khalilou Fadiga. J'aime assister mes amis lors des moments difficiles. Ce genre de geste réconforte mais ne change pas le fond du problème : blessé, le footballeur est seul, et il doit être solide mentalement.

Ensuite, quand la rééducation débute, on se sent redevenir un athlète et c'est plus facile.

Une fois la blessure définitivement derrière soi, il est recommandé de ne pas y penser sur le terrain. En effet, rien de mieux que de jouer dans la retenue pour ne pas retrouver son niveau. Est-ce difficile d'oublier ? Oui. Mais là encore, il faut être fort dans la tête pour se dire : c'est arrivé, c'est réparé, mais c'est fini. Bien sûr, on joue un sport de contact, donc on peut se blesser à nouveau dès le premier match. Regardez ce qui est arrivé au Brésilien Ronaldo, à l'Inter Milan. Mais il ne faut pas jouer avec la peur de la blessure.

À l'inverse, lorsqu'on ressent le début d'une douleur sur le terrain, il faut être vigilant. C'est bien d'avoir l'envie de jouer, mais il ne faut pas tirer sur une blessure, il faut penser au bien de l'équipe. Il faut que ce soit dans la limite du raisonnable, il faut penser qu'on a une longue carrière et être assez intelligent pour s'arrêter.

Après ma seconde blessure, je suis revenu sur les terrains cinq mois et demi après. C'était très rapide. Je me suis armé de mon équipe : le staff médical de Liverpool, et deux médecins devenus mes amis, Jean-Georges Sellier et Olivier Fichez, un médecin de St-Raphaël. Ils m'ont concocté une rééducation aux petits oignons.

Après ces deux blessures, je n'ai rien changé à ma préparation. Il n'était pas question de fragilité musculaire ou d'une quelconque faiblesse dans mes jambes, j'avais simplement eu le malheur de subir deux chocs, entraînant ces deux blessures. Après, si on commence à douter, on va prendre peur pour ses chevilles, ses genoux. Dans la peur, on ne peut pas être un bon footballeur. Pour réussir un match, il faut jouer libéré, et ne pas réfléchir une seule seconde.

Après ma première blessure, Rafael Benitez m'a relancé dans le grand bain, dix jours après ma reprise d'entraînement, en quart de finale de Ligue des champions contre la Juventus.

— Djibril, je te mets dans le groupe. Si j'ai besoin de toi, tu joueras. Pour moi, tu es prêt.

— Ok, coach !

J'ai remplacé Milan Baros à la 75e minute, et je me suis retrouvé dans la surface avec Fabio Cannavaro et Lilian Thuram sur le dos. Les deux défenseurs turinois ne me ménageaient pas. J'ai pris un tampon, je me suis relevé, et c'était reparti. Là, vous comprenez quand je vous dis qu'il faut se sentir « libéré » en reprenant la compétition ? Face à de tels joueurs, on ne peut pas réfléchir. Sur le terrain, on jouait la qualification en demi-finale de la plus prestigieuse des Coupes d'Europe.

Après France-Chine, j'ai été opéré dès le lendemain. Mes coéquipiers sont tous venus me rendre visite à l'hôpital avant de s'envoler pour l'Allemagne, mais j'en conserve peu de souvenirs, endormi par les anesthésiants.

À plusieurs reprises, j'ai conseillé des footballeurs qui venaient de subir une lourde blessure. Yaya Sanogo et Hatem Ben Arfa m'avaient contacté pour savoir comment j'avais géré mes deux expériences. Je leur avais conseillé la patience. Je leur disais de ne pas brûler les étapes, et de ne pas se démoraliser. Leur coup de fil m'avait touché. Cela signifiait que j'étais une référence sur le plan mental.

Il m'est aussi arrivé de craquer. À la fin de ma carrière, à Bastia, je me suis mis à ressentir des douleurs dans les adducteurs. Après quelques matchs comme ça, je passe des radios et on se rend compte que c'est la hanche. Ce jour-là, lorsque j'apprends la nouvelle dans le vestiaire, je ne peux pas retenir mes larmes. C'était dur et les gestes amicaux de mes coéquipiers ne me réconfortaient pas, probablement parce que je comprenais que mon corps était en train de dire non au foot. Mais pour continuer à jouer, j'ai décidé de ne pas l'écouter et je me suis piqué cinq ou six fois avec de l'anti-douleur, bien plus que les recommandations médicales le préconisaient. Grâce au mental et aux piqûres, j'ai fini meilleur buteur de la Coupe de France, devant Zlatan, sans jouer la demi-finale ni la finale. Mais je ne savais pas encore que le plus dur restait à venir, et j'en veux toujours à mon entraîneur, Monsieur Printant, qui m'a gâché mes derniers instants sur le terrain. Alors que j'avais contribué à la qualification de mon équipe, il ne m'a pas mis sur la feuille de match pour la finale. Il savait que c'était ma fin de carrière, j'ai joué avec une hanche morte pendant la saison et il ne me met même pas sur le banc. Cela ne serait jamais arrivé avec le précédent entraîneur Claude Makélélé, ancien champion du monde 98. J'avais déjà eu des déceptions, notamment à Liverpool lorsque Rafael Benitez m'avait dit :

— L'année prochaine, tu ne fais pas partie de mon plan de jeu comme titulaire, si tu ne veux pas perdre de ta valeur, tu dois bouger.

C'était dur sur le moment mais il a été honnête et respectueux de ma carrière.

J'ai donc terminé cette saison à Bastia avec un goût amer. Cette blessure à la hanche m'a suivi quelques mois, j'ai encore serré les dents lors de ma participation à *Danse avec les stars,* puis j'ai marché avec une béquille jusqu'à mon opération, l'année suivante.

Pour terminer ce chapitre,
voici mes conseils à un jeune footballeur blessé :

Ne remets pas tout en cause parce que tu es blessé. Peu importe la gravité, ça peut arriver à tout le monde, car nous jouons un sport de contact. Les blessures font partie de la vie du sportif. Tu dois être fort mentalement. Bats-toi et ne doute pas. Ne baisse pas les bras, et, surtout, ne revois pas tes objectifs à la baisse. Garde le moral ! Tu vas revenir plus fort. L'échec, c'est de ne pas se relever.

CHAPITRE 21

LE TRAUMATISME DE LA FIN DE CARRIÈRE

Comme j'ai arrêté le football à cause de mes blessures, c'était plus facile que si j'avais perdu mon niveau de buteur et que plus personne ne voulait m'engager. Écouter mon corps m'a aidé à tourner la page. Mes autres passions – la musique, la mode – m'ont aussi beaucoup aidé à débuter une nouvelle vie.

Au moment de prendre ma retraite, je n'ai pas vraiment eu le choix. Ma hanche était au bout de l'histoire.

En réalité, j'avais deux options :

- Écouter mon corps et stopper le sport de très haut niveau.
- Persévérer, et prendre le risque d'être handicapé pour le restant de mes jours, et ne plus profiter de la vie avec mes cinq enfants.

Le choix était vite fait. Quand on est footballeur, on doit avoir la lucidité d'accepter que le corps a ses limites.

Dans mon malheur avec ma hanche, j'ai eu la chance de rencontrer un chirurgien exceptionnel : le Professeur Sébastien Parratte. Ce n'est pas un médecin, c'est un magicien. Ce génie m'a construit une hanche flambant neuve, très solide, qui m'a permis de rejouer au football, deux ans après l'annonce de ma retraite.

En Suisse, dans le club d'Yverdon-les-Bains, j'ai joué avec ma prothèse : 27 matches, 24 buts. Cela m'a permis d'accepter ma fin de carrière, en retrouvant le plaisir de marquer des buts, même si c'était à un niveau semi-professionnel. C'était plus facile pour moi de m'arrêter là-dessus, même si au fond de moi, je me sentais capable de continuer.

Si un président de club avait eu le courage de me proposer un contrat, j'aurais accepté.

Ce qui est dur pour un footballeur, c'est d'arrêter sa carrière car plus personne ne le respecte sur le terrain. Ma crainte, c'était de devenir la risée du monde du foot en jouant sans être au niveau. Par chance, cela ne m'est jamais arrivé, car c'est mon corps qui m'a dit stop.

Avec mon dernier contrat professionnel au Sporting Club de Bastia, j'ai terminé en beauté, en inscrivant le plus beau but de ma carrière, malgré ma hanche en bois. Romaric me fait un centre du milieu de terrain, un long ballon aérien, compliqué à négocier, je la prends d'instinct de volée, elle part petit filet.

En Suisse, c'était une belle fin. Mon dernier match avait des allures de jubilé, car nous avons organisé une jolie fête, en présence de Guy Roux.

Une fin de carrière n'est jamais facile à gérer pour un footballeur de haut niveau. Comment savoir à quel moment s'arrêter ? Ce n'est pas évident car nous aimons notre métier, nous vivons de notre passion et l'âge limite imposé par le corps arrive très tôt dans notre vie.

À Liverpool, j'ai assisté au retour de Robbie Fowler, une ancienne légende du club, qui était passé par Leeds et Manchester City avant de retrouver les Reds, à 32 ans. Je me souviens avoir délivré une passe décisive à ce buteur à la personnalité bien trempée. À la fin de la saison, il est reparti. C'était dur pour lui, car quand on a été l'idole d'un stade comme Anfield, c'est douloureux de s'arrêter quand on ne l'a pas choisi. Un club, c'est une famille, des amis. Malheureusement, l'âge et le corps décident à notre place. Impossible de se battre contre les années.

Il arrive aussi parfois que des joueurs prennent leur retraite, puis rechaussent les crampons un ou deux ans plus tard, car le terrain leur manque trop.

Avec mes galères de hanche, à Bastia, je subissais beaucoup plus d'infiltrations que la médecine ne le recommandait, mais je voulais finir la saison. Au moins, j'ai eu le temps de faire le deuil, match après match, entraînement après entraînement. Plus la fin de saison approchait, plus je me disais : « Et un de moins… » J'ai fini par l'annoncer à mes proches, mes coéquipiers, puis à la presse.

La carrière d'un sportif de haut niveau est terriblement courte. Pour cette raison, il faut respecter le football, et respecter son corps. En prendre soin au maximum afin de prolonger sa durée de vie. Quand ça s'arrête, c'est douloureux.

Si on ne respecte pas son corps, on peut perdre deux ou trois années de carrière au plus haut niveau. Ces trois ans perdus, cela peut représenter une Coupe du monde ou un Euro manqué. Personne n'a envie d'arrêter sa carrière à trente-trois ans et de regarder en tant que spectateur les copains de sa génération remporter la Ligue des champions. Le football est un sport merveilleux qui mérite de s'imposer quelques sacrifices. Quand on est joueur professionnel, on a une belle vie. Bien sûr, c'est parfois très frustrant. Quand j'avais dix-sept ou dix-huit ans, je n'avais pas de copine, et je ne sortais pas. Quand mes amis flirtaient en boîte de nuit, je dormais dans ma petite chambre du centre de formation d'Auxerre. Ma vie d'adolescent, c'était entraînement, entraînement et entraînement. Est-ce que j'enviais mes copains ? Oui. Cependant, quelques années plus tard, ils n'ont pas eu la chance de remporter la Ligue des champions, de porter le maillot de l'équipe de France ou de jouer avec les meilleurs footballeurs du monde. Ces sacrifices en valaient la peine. Quand on a la chance d'être professionnel, il faut tout donner pour aller le plus loin possible.

Le corps est une machine. Pour le pousser au rendement maximum, il faut le bichonner. Le corps doit se reposer, être bien alimenté. C'est comme une batterie qu'on doit recharger. Bien boire, bien manger, bien dormir. Ces trois principes sont essentiels dans la vie du sportif de haut niveau.

Encore une fois, il faut voir le côté positif. Aujourd'hui je n'ai plus le foot dans ma vie, j'ai donc le temps d'accompagner mon dernier enfant Gabriel à l'école ou à son club de foot. Quand vous êtes footballeur et que vous avez une famille, c'est comme si vous jouiez dans deux équipes en même temps, et ce n'est pas évident. Un footballeur n'est pas beaucoup à la maison et la maman doit jouer son rôle en plus du sien. Même s'il peut sembler que nous avons plus de moyens, nous avons le même quotidien que tout le monde. Le club s'occupe de tout pour les joueurs sur le plan sportif, parfois nous trouve une maison, une voiture de prêt, mais pour le reste, c'est à nous de nous organiser : les écoles, les activités, les déménagements lors des transferts... Cela fait beaucoup à gérer pour la famille.

Pour terminer ce chapitre,
voici mes conseils à un jeune footballeur :

La carrière de footballeur est courte et il est difficile de prévoir à quel âge elle va s'arrêter, une blessure peut survenir à tout moment. Aujourd'hui, les championnats étrangers offrent des opportunités importantes pour les joueurs plus âgés. Je ne crois pas qu'il y ait besoin de penser trop tôt à sa reconversion, il est plus important de tout faire pour rester compétitif le plus longtemps possible dans sa passion.

CHAPITRE 22

LA NÉGOCIATION DES CONTRATS

Pour gérer au mieux sa carrière, un footballeur doit travailler avec un agent. Il est important qu'un sportif de haut niveau se concentre sur son jeu et ne se laisse pas perturber ou distraire par tout type de négociation. Les pourparlers peuvent tourner plus ou moins bien, et il ne faut pas que cela ait des incidences sur les performances. Le joueur se consacre au football, et l'agent s'occupe des contrats, dans l'ombre. Désormais, tout sort dans la presse avant que même cela ne soit concrétisé, mais c'est toujours mieux quand les discussions ne sont pas rendues publiques.

Forcément, cela nécessite d'accorder une pleine confiance à son agent. Quand on est jeune et inexpérimenté, il faut donc réfléchir avant de confier ses intérêts à une tierce personne. Personnellement, j'ai eu de la chance, car c'est mon frère, Abou Cissé, qui s'est occupé de mes intérêts. En qui d'autre pouvais-je avoir plus confiance que lui ? Ensuite, j'ai été mis en contact avec Richard Bettoni, que j'avais connu durant mon enfance. Il est devenu mon agent, avec son associé Ranko Stojic. Plus tard, j'ai travaillé avec Philippe Piola. Au fil des ans, mes agents sont devenus mes amis. J'ai toujours eu la chance de rencontrer des agents bienveillants qui pensaient à l'intérêt de leur poulain plutôt qu'à leur commission. Ce n'est pas le cas de tous les footballeurs. Le monde du foot est un milieu de requins, et beaucoup d'agents poussent leurs joueurs à aller dans tel ou tel club parce que leur commission sera plus importante à droite qu'à gauche. Certains prévoient des transferts en regardant à peine l'aspect sportif. C'est donc au footballeur d'être vigilant pour faire les bons choix. En ce qui me concerne, je ne me suis jamais laissé influencer, par qui que ce soit, pour choisir mon club. J'ai un caractère bien trempé, et je ne reviens pas sur mes décisions. Hors de question qu'un intermédiaire m'envoie dans un club sans que je sois totalement en phase avec le projet. Certains ont essayé de me faire le coup, mais ils sont tombés sur un os. Quand on est footballeur, on doit rester ferme, et imperméable à toute influence. C'est notre carrière qui est en jeu. Deux ans plus tard, cet agent sera peut-être à l'autre bout du monde. La seule et unique priorité, c'est le football.

Plus la carrière avance, plus on a conscience de sa valeur exacte, et plus on a la capacité de négocier soi-même, si on le souhaite. Cela m'est arrivé pour mon dernier contrat en Suisse, à Yverdon. J'ai signé là-bas sur un coup de tête, sans en parler à un quelconque agent ou conseiller. Pas d'intermédiaire ! Un soir, un ami m'a proposé de mixer lors d'un événement, qui était organisé par le président du club de foot Yverdon Sport – dont j'ignorais l'existence. Au cours de la soirée, Mario Di Pietrantonio me lance :

— Djibril, je sais que tu t'entraînes et que tu veux reprendre le ballon. On a une très belle équipe à Yverdon, et on ambitionne de monter en D2 suisse. Tu viendrais jouer avec nous ?

— Et pourquoi pas ?

— Rendez-vous demain matin dans mon bureau.

Quinze jours après, mon contrat était ficelé.

Parfois, ça se joue au feeling et on n'a pas besoin de rudes négociations entre deux camps. Cela peut aussi se passer naturellement, dans l'amitié plus que dans le business.

Je n'ai pas regretté ce coup de tête, car malgré le fait que nous ayons raté la montée de peu, l'histoire personnelle que j'ai tissée avec le président et le club d'Yverdon Sport est vraiment magnifique.

Dans ma carrière, c'est la seule fois où j'ai signé dans un club sans intermédiaire. En revanche, cela m'est arrivé aussi pour des contrats d'image. Avec Lidl, par exemple, j'ai échangé directement avec le patron. En 2022, j'ai en effet posé pour la marque discount. L'histoire est belle, car à l'âge de dix ans, j'allais chaque semaine au magasin Lidl d'Arles pour accompagner ma mère, qui faisait les courses. Pour ça, je n'ai pas besoin d'agent.

Au moment de prendre mon envol, en 2004, la plupart des grands clubs européens cherchaient à me recruter, et avaient formulé des propositions fermes à l'AJ Auxerre : le Barça, la Juve, l'Inter… Ce qui a fait la différence en faveur de Liverpool ? Mes discussions avec mon coach, Guy Roux. À Auxerre, j'étais dans un cocon, un club très familial, avec une belle figure paternelle. J'ambitionnais de défendre les couleurs d'un club plus huppé, mais avec les mêmes valeurs et une façon de travailler similaire. La belle relation entretenue par Guy Roux avec Gérard Houllier, alors manager de Liverpool, a été déterminante. Au cours de nos nombreuses discussions, le coach auxerrois m'avait dit :

— Écoute, Liverpool, c'est un gros club avec de grands joueurs, mais tu retrouveras l'esprit de l'AJA.

Le choix était vite fait. Et même si Gérard Houllier a été débarqué avant mon arrivée dans le nord-ouest de l'Angleterre, je ne peux pas le regretter. Un an après mon arrivée, je remportais la Ligue des champions.

Pourtant, j'aurais pu prendre un tout autre chemin.

Un soir, le meilleur joueur du monde a essayé de me recruter au Real Madrid…

Lors d'un rassemblement de l'équipe de France, on frappe à ma chambre.

Première surprise : c'est Zizou !

Mais que peut-il bien venir faire dans ma chambre ? Pour rappel, il est champion du monde, champion d'Europe, vainqueur de la Ligue des champions, Galactique du Real et Ballon d'Or, quand je ne suis qu'un jeune joueur, meilleur buteur du championnat de France.

Seconde surprise, quand il m'explique les raisons de sa venue :

— Au Real Madrid, on est tous très intéressés par ton profil. Est-ce que ça te dirait de nous rejoindre ?

Malheureusement, j'avais déjà passé un accord de principe avec Liverpool, et je reste toujours fidèle à ma parole.

J'ai donc été contraint de refuser la proposition de Zinedine Zidane. En lui répondant, mon cœur de footballeur saignait, car rien que le fait d'imaginer de jouer une saison complète, en club, à ses côtés, ça me faisait rêver.

Zidane n'a pas insisté exagérément. Il m'a invité à prendre le temps de la réflexion, à peser le pour et le contre afin de prendre la bonne décision. C'est un homme bienveillant, sensé, qui n'est pas le genre à mettre la pression.

Quand Zinedine Zidane a regagné sa chambre, je me suis retrouvé seul, assis sur le lit, à cogiter. J'étais fier de respecter ma parole envers Liverpool, mais Zizou m'avait tellement titillé. Ce n'était pas un moment évident.

Est-ce que je regrette ma réponse à Zizou ? Non, car encore une fois, j'ai soulevé la coupe aux grandes oreilles avec le LFC. En plus, était-ce la bonne période pour arriver à Madrid ? C'était l'époque des Galactiques, quand le Real empilait les grands joueurs : Fernando Morientes, Raul, Ronaldo, van Nistelrooy… Même pour s'asseoir sur le banc de touche, ç'aurait été compliqué !

Avant d'arriver au rassemblement de l'équipe de France, je pense que Zidane avait dû avoir une réunion avec les dirigeants du Real. Personnellement, je n'ai jamais joué le rôle d'« intermédiaire » pour approcher un joueur, même si Rafael Benitez m'avait fait savoir qu'il souhaitait recruter Philippe Mexès, dont je suis très proche.

Je ne regrette aucun de mes choix de carrière. Je suis simplement déçu de n'avoir jamais joué à Barcelone, car j'admire beaucoup cette institution. Cependant, c'est un vrai-faux regret, car si j'avais signé en Catalogne, je ne serais pas allé à Liverpool, et adieu la Ligue des champions…

Forcément, l'argent est un sujet important dans le football. À l'époque, on ne connaissait pas forcément le salaire de ses coéquipiers. Aujourd'hui, comme tout sort dans la presse, il est difficile de cacher aux autres ce que l'on touche. J'ai le sentiment qu'avant, il existait moins de jalousie entre footballeurs. On acceptait beaucoup plus facilement qu'un attaquant gagne plus d'argent qu'un défenseur. De mon point de vue, c'est normal, car l'avant-centre est celui qui marque des buts, celui qui fait gagner l'équipe. Désormais, n'importe quel joueur peut gagner des sommes astronomiques.

Quand je repense aux différentes négociations de mes contrats, je me souviens d'une anecdote très amusante. C'était au moment de signer à la Lazio. Tout était bouclé, mais il manquait un ultime papier du Panathinaïkos, afin de me libérer de mon précédent club. Mon agent avait donc la charge de se rendre au siège du club, à Rome, pour faire signer le contrat définitif à Claudio Lotito, le président de la Lazio. Le rendez-vous était fixé à 14 heures, mais à 20 heures, mon agent me téléphone :

— Je ne suis toujours pas passé ! J'attends devant le bureau du président, il n'est pas là. Il paraît que c'est un homme très occupé...

Président de la Lazio depuis 2004, Claudio Lotito a effectivement de multiples fonctions, en football mais aussi en politique.

Après plus de sept heures d'attente, mon agent est finalement reçu dans le bureau du président Lotito. Alors que la discussion s'engage à peine, mon agent se rend compte de la fatigue extrême du président laziale. Ce dernier piquait du nez régulièrement. Finalement, je reçois le coup de téléphone le plus étonnant de toute ma carrière.

— Djibril, écoute-moi ça. On n'a toujours pas signé les papiers car Lotito s'est endormi !

— T'es sérieux ?!

— J'te jure… il est devant moi, la tête allongée sur son bureau, en plein sommeil…

Des barres de rire !

Une fois sa sieste impromptue terminée, Claudio Lotito a signé les papiers et j'ai vécu de beaux moments en Serie A italienne. Cette anecdote est très amusante mais elle est aussi très représentative d'un milieu où certains hommes de pouvoir endossent tellement de responsabilités à la fois qu'ils peuvent difficilement tout assumer. Claudio Lotito était un super président, très drôle, même s'il poussait quelques gueulantes dans le vestiaire de temps à autre.

**Pour terminer ce chapitre,
voici mes conseils à un jeune footballeur :**

À mes débuts, mon frère Abou m'a beaucoup aidé pour la gestion des transferts mais je me suis toujours appuyé sur mes agents. C'est un vrai métier d'être agent et je ne voulais pas me disputer avec ma famille pour des affaires d'argent. En fin de carrière au Sporting Bastia, mon agent avait pensé à négocier une année de rémunération supplémentaire dans le staff du club en échange d'une diminution de mon salaire de joueur. Cela m'a beaucoup aidé lorsque j'ai arrêté ma carrière pour gérer la transition. L'organisation dépend vraiment de l'environnement de chaque joueur.

CHAPITRE 23

LES ENTRAÎNEURS

Si j'ai réussi une belle carrière et que j'ai aujourd'hui une belle vie c'est grâce à certains entraîneurs, comme Monsieur Gilles à Arles, Guy Roux à Auxerre, Roger Lemerre, Jacques Santini, Raymond Domenech et Laurent Blanc en équipe de France, qui ont détecté mon talent et su le faire évoluer. Comme beaucoup de choses dans la vie, les rapports humains que vous développez vous accompagnent dans votre carrière.

Monsieur Gilles avait demandé à ma mère de m'inscrire au club d'Arles pour les matches, il venait me chercher chez moi à Barriol car ma maman était seule avec nous et travaillait beaucoup pour nous nourrir, moi et mes frères et sœurs. Et il n'a pas été déçu car je mettais des buts à tous les matches, j'étais bien servi par de très bons coéquipiers dont beaucoup finiraient professionnels, je pense entres autres à Gaël Givet et Emmanuel Corrèze. J'avais déjà cette pointe de vitesse. Puis à seize ans, je rencontre Guy Roux, qui m'a appris à travailler, ne pas rechigner à l'effort et à être malin. Tout le monde sait le grand respect que j'ai pour lui, il est, encore aujourd'hui, de bon conseil. Depuis les Espoirs, j'ai aussi toujours eu confiance en Roger Lemerre puis Raymond Domenech, ils m'ont toujours épaulé pour développer mon jeu d'attaquant, j'avais joué avec le neveu de Raymond à Arles. Guy Roux et lui ne se sont jamais vraiment entendus, Guy Roux ne comprenait pas qu'on fasse venir des joueurs en équipe de France, pour ensuite ne pas les retenir et les renvoyer chez eux devant les caméras. Un joueur doit prendre le meilleur de chacun de ses coaches.

Il y a des entraîneurs avec lesquels j'aurais aimé travailler, comme Rolland Courbis, il est entier et franc comme moi, on a le même tempérament de gagneur, j'aurais pu progresser avec lui. Je suis ami avec Didier Drogba et la façon dont il me parle de José Mourinho me rappelle ma relation avec Guy Roux, j'aurais aimé jouer dans son équipe.

Maintenant que j'ai un peu d'expérience en tant qu'entraîneur des attaquants, je me rends compte de la difficulté du job et j'essaie de leur transmettre mon expérience de ce poste.

Pendant deux ans, j'ai entraîné les attaquants des équipes jeunes de l'Olympique de Marseille. J'organisais des entraînements spécifiques, des moins de 16 ans à l'équipe réserve. J'ai eu sous mes ordres le petit François Mughe quelques fois. Il y avait une bonne génération.

En fin de saison 2022-2023, j'ai reçu un appel de Christophe Pélissier, l'entraîneur de l'AJ Auxerre. C'était avant le dernier match de la saison, face au RC Lens. L'AJA allait jouer son maintien en Ligue 1.

— Djibril, tu connais bien la maison. J'aimerais que tu viennes parler aux joueurs pour leur expliquer ton histoire avec Auxerre.

Le courant est très bien passé entre les joueurs et moi, même si malheureusement, l'AJA a perdu, précipitant la descente du club en Ligue 2. Avant de quitter la Bourgogne, j'ai proposé au coach Pélissier d'intégrer son staff pour entraîner les attaquants. Quelques jours plus tard, il me donnait sa réponse :

— Ça m'intéresse. J'ai apprécié ton rendez-vous avec les joueurs, et j'aime ton état d'esprit. Je perçois ton attachement au club.

— L'AJA, c'est mon berceau, là où tout a commencé. Si je peux aider Auxerre d'une façon ou d'une autre, on trouvera un deal !

Et voilà comment ça s'est fait. Baptiste Malherbe, le président, m'a proposé un poste d'entraîneur des attaquants, pour l'équipe première et la réserve. Tous les jeudis, j'ai les joueurs offensifs à ma disposition. C'est le moment parfait pour travailler, sans trop appuyer physiquement sur l'organisme, afin d'être en forme le samedi.

À quoi ressemble une séance « spécifique attaquants » ? C'est un travail au poste, avec les avant-centres et les joueurs excentrés. Ce qui m'importe, c'est la finition. Je place chaque joueur dans sa position préférentielle, soit dans l'axe, soit sur un côté. L'objectif est de trouver des automatismes afin qu'aucune situation ne puisse surprendre l'attaquant lors des matches. Je ne suis pas là pour leur donner des conseils techniques (comment frapper, comment contrôler, etc.) mais pour leur faire répéter leurs gammes et leur inculquer l'amour du but, la mentalité du tueur. Je veux que mes attaquants fassent mal au gardien adverse. Je suis là aussi pour travailler spécifiquement dans les périodes compliquées, si l'équipe – ou un attaquant – enchaîne quatre, cinq ou six matches sans marquer. Mon travail est d'ôter le doute de l'esprit du buteur, afin qu'il évite les mauvais choix. Si mon avant-centre envoie ses trois premières frappes en tribune, je ne veux pas qu'il se cache au moment de tenter la quatrième, car c'est précisément celle-là qu'il va cadrer ! Tant que le ballon ne transperce pas les filets, il faut continuer à frapper. C'est notre métier. Même si le public siffle, même si le coach met l'attaquant sur le banc et qu'il n'a plus que vingt minutes en fin de match pour être décisif et prouver sa valeur, il faut continuer, répéter les efforts, travailler devant le but. Faire les gestes justes pour retrouver l'efficacité. Supprimer les dribbles inutiles et les gestes futiles. Retrouver la rigueur du serial buteur qui ne fait aucun cadeau au gardien.

Dans mon travail d'entraîneur des attaquants, je suis heureux quand chaque attaque de mes joueurs se termine par une action offensive ou une frappe. But ou pas, peu importe, le 100 % de réussite n'existe pas dans le football, quel que soit le niveau. Mais je veux qu'il se passe quelque chose, que mes joueurs fassent trembler le public adverse à chaque montée.

Je travaille les automatismes avec des schémas de jeu, des circuits d'actions préférentielles.

Je fais également en sorte que mes attaquants connaissent par cœur les spécificités de leurs coéquipiers. Quand on passe le ballon à un milieu relayeur, on lui adresse dans l'espace. En revanche, si on veut toucher un joueur techniquement moins doué, mais qui court très vite et frappe très fort (ça ne vous rappelle personne ?), on fait en sorte de le trouver dans la profondeur afin qu'il parte de loin, en sprintant dans la direction du but.

À mon époque, ce genre de séances existait déjà, mais c'était moins pointu. Grâce aux statistiques, que l'on appelle les *datas*, on sait tout. Chaque entraînement est personnalisé. Avant chaque entraînement, je sais précisément combien de centres ont tenté – et réussi – mes ailiers, combien de frappes de la tête mon avant-centre a effectuées, etc.

De même, le staff vidéo me prépare des montages de chaque action impliquant mes joueurs offensifs. Avant de débuter l'entraînement, j'analyse leur prestation et je débriefe avec eux, afin de leur dire ce qu'ils ont bien ou mal fait. J'aime aussi leur poser la question : « Pourquoi as-tu passé le ballon à droite alors que ton partenaire à gauche était mieux placé ? » À la vidéo, c'est toujours facile, mais il y a parfois des circonstances de jeu qui font qu'on agit différemment sur le terrain, donc je suis dans l'échange.

J'ai toujours voulu rester dans le football. Même si je passe actuellement mes diplômes, je ne sais pas si je deviendrai entraîneur. J'aime être le plus efficace possible et savoir de quoi je parle. Quand je m'occupe des attaquants de l'AJA ou de l'OM, je sais ce que je dois transmettre. L'efficacité, la mentalité, le travail… Serais-je aussi précis avec un défenseur ou un milieu de terrain ? Je ne le sais pas encore.

À chacun de mes entraînements à Auxerre, je suis amicalement supervisé par Guy Roux. Mon « papa » ne me quitte jamais. Dès la fin de la séance, il me fait un débrief très précis de mon travail, les points positifs comme les points négatifs.

J'ai vraiment une belle relation avec lui, malgré le grand écart d'âge qui nous sépare. Dans nos vies, rien ne nous rassemble, si ce n'est l'amour du football. Mais cela suffit à ce qu'on ait envie de se voir toutes les semaines...

J'espère que mon travail auprès des talents de l'AJ Auxerre sera aussi bénéfique pour eux que celui de Jean-Pierre Papin auprès de moi. Ce que je vais vous raconter est plus qu'une simple anecdote. À mes yeux, JPP est ma plus grande idole. Il est le joueur que je place tout en haut des légendes qui m'ont fait rêver. Dans mon imaginaire, il est le seul footballeur que je place au-dessus de Zidane, pour tout ce qu'il a fait à l'OM, mon club de cœur, et aussi parce que dans mon style de jeu, je ressemble beaucoup plus à JPP qu'à Zizou.

Alors que j'évoluais à Auxerre, je traversais une mauvaise période. J'avais enchaîné trois matches sans marquer, ce qui était inhabituel chez moi. La veille d'un jour de repos, Guy Roux s'adresse à moi en aparté.

— Djibril, je veux que tu viennes t'entraîner demain. Rendez-vous dans le vestiaire à 10 heures.

— Coach, c'est un jour de repos...

— Ne pose pas de question. À demain.

J'ai râlé, mais j'y suis allé.

En arrivant au stade de l'Abbé-Deschamps, je suis accueilli par le coach.

— Dépêche-toi d'entrer dans le vestiaire, une surprise t'y attend.

Je m'exécute, poussant la porte du vestiaire, un peu étonné, et je tombe sur Jean-Pierre Papin.

Mon idole !

Là, j'ai pensé : *Djib, t'as bien fait d'obéir et d'annuler tes plans pour cette journée de congé.*

Jean-Pierre a entamé la discussion.

— Le coach m'a dit que tu traversais une période compliquée.

— Ça fait trois matches je ne marque pas.

— Tu sais, quand je suis arrivé à Marseille, je ne mettais pas un pied devant l'autre. Il m'a fallu du temps pour m'affirmer.

— Qu'est-ce que je peux faire pour retrouver le chemin des filets ?

— Persévérer. C'est comme ça que tu retrouveras la confiance. Si tu dois frapper dix fois au but, fais-le. Si le public te siffle, continue. Tu vas tirer neuf fois à côté mais la dixième occasion sera la bonne, et tu feras gagner ton équipe. Et c'est comme ça que tu redeviendras celui que tu as toujours été. Tes qualités ne vont jamais partir. Mais ce qui compte, c'est la confiance. Parfois, on a moins de chance et moins d'efficacité. Mais si tu ne tentes pas la volée ou la tête que le jeu te propose, comment veux-tu marquer ? Un buteur ne doit jamais jouer la sécurité. Face au but, c'est notre instinct qui guide nos choix.

Nous avons énormément parlé de l'aspect mental de notre poste. Je buvais les paroles de Jean-Pierre Papin. Guy Roux me connaissait par cœur et savait à quel point je serais réceptif au discours de l'ancien Ballon d'Or. D'autant qu'à la fin de la conversation, au lieu de s'en aller, JPP me demande de chausser mes crampons. Alors que je me dirige vers mon casier, je jette un coup d'œil de côté et m'aperçois qu'il se met en tenue de footballeur.

Waouh… je vais m'entraîner avec Jean-Pierre Papin !

Mieux que cela : la légende de l'Olympique de Marseille me propose de partager une séance de reprises de volée !

Guy Roux avait tout manigancé, car sur la pelouse, un centreur et un gardien nous attendaient.

Rivalisant avec l'inventeur de la papinade, je me régalais.

En plus, il avait de très bons restes. Papin, dans une surface de réparation, c'est la crème de la crème.

Et je ne vous mens pas : dès le week-end suivant, j'ai inscrit un doublé. Idem lors du match suivant.

Grâce à cette matinée avec Jean-Pierre Papin, j'étais redevenu le buteur que j'avais toujours été. Pourtant, il ne m'a rien enseigné sur le plan technique. Il ne m'a pas appris à reprendre un ballon de volée, ni à faire une tête piquée, ni à quel moment partir en profondeur. Mais, mentalement, il m'a remis à l'endroit. Une discussion et une mise en pratique ont suffi à transformer mon état d'esprit. Dans mon nouveau job d'entraîneur des attaquants, c'est exactement ce que je veux faire.

À Auxerre, j'ai mes crampons à chaque entraînement. Dans ma tête, je suis encore un joueur. J'aime tellement le football… Au minimum, j'adresse quelques passes en profondeur ou des remises, mais j'aime participer aux séances de frappe. Quand j'étais joueur, j'avais un fonctionnement très visuel. Voir pour démontrer. Un entraîneur qui dessine l'action sur un tableau et reste assis au bord du terrain, ça ne fonctionne pas. De plus, ça m'avait stimulé de me mesurer à JPP. Je propose donc des défis à mes joueurs. Si l'un d'entre eux parvient à me battre sur une séance de reprises de volée, ça peut le mettre en confiance lors du match suivant. C'est futile, mais ça gonfle à bloc le mental d'un buteur.

Quand je croise Jean-Pierre Papin, je ne cesse de le remercier pour cette séance. Sans lui, aurais-je finalement signé à Liverpool ? Sans empiler les buts, certainement pas.

Pour terminer ce chapitre,
voici mes conseils à un jeune footballeur :

Je me suis toujours appuyé sur mon enthousiasme et mon optimisme dans toutes les circonstances de ma carrière, et je crois que cela m'a beaucoup aidé. Ton destin est un enchaînement de rencontres, il y a toujours un tri à faire, mais suis ton instinct quand tu ressens qu'elles peuvent être déterminantes. Il faut t'investir pleinement, si tu veux devenir un vrai footballeur.

REMERCIEMENTS

Je tiens à remercier ma famille, mes frères et sœurs, ma maman Karidjata, pour leur soutien indéfectible durant toutes ces années. J'en profite pour dédier ce livre à mes enfants Ilona-Céleste, Cassius-Clay, Prince-Kobe, Marley-Jackson, Gabriel, que j'aime et pour qui je sais que je n'ai pas toujours été présent à certains moments de ma carrière. Et bien sûr à ma femme Laëtitia et ses enfants Léandra et Sampiero avec qui nous partageons aujourd'hui de beaux moments.

Un immense merci à Serge Courant, le recruteur d'Auxerre qui m'a repéré et à mes entraîneurs qui m'ont aidé à suivre cette trajectoire sur les terrains de football : M. Gilles à Arles, Guy Roux à Auxerre, Roger Lemere, Jacques Santini, Raymond Domenech et Laurent Blanc en équipe de France, ainsi qu'à tous mes coéquipiers avec qui j'ai eu la chance de jouer. Je n'oublie pas toutes les personnes qui m'ont aidé à revenir sur les terrains après les blessures, et les intendants.

Je souhaite aussi remercier tous les fans qui m'ont encouragé et suivi dans mes différents clubs, sans vous, l'aventure n'aurait pas été la même.

Un grand merci également à Thibaut Geffrotin qui m'a accompagné pour l'écriture de ce livre et aidé à retranscrire cette vraie vie de footballeur, ainsi qu'à Emmanuel, mon éditeur, et ses équipes.

J'espère que ce livre pourra inspirer des passionnés de football.

Imprimé en France par CPI
en octobre 2023

Dépôt légal : octobre 2023
N° d'impression : 176033